House Plants

観葉植物の文化誌

マイク・マウンダー 著
Mike Maunder

大山晶 訳

花と木の
図書館

原書房

［……］は訳者による注記である。

人間と観葉植物は古くから密接な関係を築いてきた。この15世紀の挿絵では、寝室に鉢植えの植物が置かれている。『トロイア戦争 *Der Trojanische Krieg*』（1455年）より。

序　章　室内の植物たち

労働の主たる目的は人間の幸福であるべきだ。ゆえに観葉植物の栽培者が努力すれば、当人が幸せになるだけでなく、たまたま通りかかってこの植物に見惚れる飢えた魂の持ち主も幸福になる。[1]
ヒュー・フィンドレー（1916年）

本書では、観葉植物というごく身近な植物について探究していこうと思う。食用植物や薬草と同じく、私たちと観葉植物の結びつきも深い。結局のところ、私たちは好んで彼らを我が家に迎え入れているのだ。所有者に愛されて元気に成長する多様なコレクションであれ、黄色く枯れかけたきまり悪いようなものであれ、観葉植物は私たちがどのように生きているか、なぜ私たちに自然が必要なのか、そしてどのように野生の植物を栽培品種化したかについての複雑な物語を語ってくれる。

植物は見過ごされ軽んじられがちだ。こういった植物への理解不足については、これまでにも多くのことが書かれてきた。作物の多様性や植物保護といった問題は非常に重要なのに、常に資金不足に悩まされているのはこういった理解不足のせいだ。しかし観葉植物が存在し、何百万株も購入

究極の観葉植物、セントポーリアは、1世紀にわたる育種により大きな変化を遂げた。カーティス・ボタニカルマガジン121巻（1895年）より。

され、多くの人々に楽しみをもたらしているのは事実で、私たちの多くが植物に無関心ではないということの表れであり、非常に喜ばしい。

私たちが観葉植物を愛すれば、植物の栽培化について、そしておそらくは植物と人間の相利共生［2種の生物がともに利益を得るような相互関係］について探究するための扉が開かれる。観葉植物のなかには、野生から採集したほぼそのままで品種改良されていないものも存在する。たとえば華やかなモンステラ（ホウライショウ）（学名 *Monstera deliciosa*）がそうだ。一方、サイントパウリア（セントポーリア）属（Saintpaulia）やコチョウラン属（Phalaenopsis）といった究極の観葉植物は何十年以上も育種家が改良を重ねた結果であり、技術と科学の連携によって栽培化が成功した例と言えよう。

都市型の生活を送るようになった私たちは、以前に比べ自然から隔離された屋内で過ごすことが増え、ますます人間味のない世界で暮らすようになっている。自宅に庭がある人は減り、借家住まいの人は庭作りに時間をかけない傾向がある。その一方で、私たちの幸福に自然は欠かせないので、自然と深い関係を持つべきだとも言われている。生物学者で著述家でもあるE・O・ウィルソンは、これを「バイオフィリア」、つまり「人間は無意識のうちに他の生物とのつながりを求めるものだ」と定義した。[2] 悲しいことに歴史を振り返れば、生物は種を絶滅させられたり生息地を農地化されたりと、人間からさんざんな仕打ちを受けている。しかし、近年バイオフィリアが良い形で現れてきた。私たちが人間仕様に変えてきた新たな風景、とくに私たちの家をお気に入りの植物と共有して、喜びを得たい、親交を深めたいという欲求が生まれたのだ。観葉植物は、私たちが生まれながらに

科学への投資によって、コチョウラン属は高価なぜいたく品からスーパーマーケットでも買える商品に変わった。ジョン・ニュージェント・フィッチによる挿絵。ロバート・ワーナーとベンジャミン・S・ウィリアムス著『蘭のアルバム *The Orchid Album*』1巻（1882年）より。

持つ「新しいものを求める気持ち」の一部である。ますます均質化した世界で、緑あふれる暮らしをしたいという願望の表れなのだ。

観葉植物という呼び名はどうしても曖昧になってしまう。室内植物や鉢植え植物などとも呼ばれる。観葉植物《ハウスプラント》という呼び名は、１９５２年にイギリスの種苗園主トマス・ロックフォードが考案した。彼の扱った家庭向け鑑賞植物は、それまでは「緑葉植物」あるいは「葉植物」と呼ばれていた。[3] イギリスでロックフォードの名は瞬く間に高品質な観葉植物の代名詞となり、園芸マニュアルの執筆家D・G・ヘッセイヨン博士、観葉植物用肥料会社ベビーバイオとともに、彼は観葉植物愛好家にとって数世代にわたりなくてはならない存在となった。[4]

観葉植物は通常熱帯または亜熱帯原産で――イギリスで人気のセイヨウキヅタ（学名 *Hedera helix*）のような例外もある――鉢に植えて家を飾るため、しばしば個人の文化的・社会的アイデンティティを示すために購入される。ロンドンで見られる観葉植物は、スペインやフロリダでは庭に植えられているかもしれない。熱帯地方では、熱帯性のモンステラが冷房の効いた居間に飾られ、その一方で窓の外に同じ種が元気いっぱいに実をつけてつるを木にからませながら伸びているという妙な光景にも出くわす。観葉植物と温室植物の間にはおぼろげで柔軟な境界線があり、当たり障りのない装飾としての観葉植物と夢中になる対象としての観葉植物の間にはわずかな勾配がある。切り花と観葉植物も紙一重で、クリスマス用に購入されるポインセチア（学名 *Euphorbia pulcherrima*）の鉢植えは、実は挿し木を根づかせたもので、数か月後には捨てられる可能性が高い。同様にギンヨウセンネンボク（学名 *Dracaena sanderiana*）の挿し木苗（皮肉にもラッキーバンブーと呼ばれている）

観葉植物への愛は、文化や生活レベルにかかわりなく人類共通のものだ。カール・ラーション画集『わたしの家 *A Home*』（1895年）より『窓台の花』。水彩、紙。

は、巻きつけられたり編まれたりしてしばしば土なしで容器に入れて売られているが、これも長く生き延びることはまれだ。本書では、こういった定義はゆるやかで柔軟なままにし、ある程度の曲折は許容している。

観葉植物の文化は、裕福度や入手可能な植物の種類、文化、流行の影響を受けるため、世界でもさまざまだ。[5] その土地土地で典型的な植物もある。例を挙げると、ニチニチソウ（学名 *Catharanthus roseus*）はブリキ缶に入れられて南スーダンの家々の玄関を飾る。鉢植えの観葉植物（多くは奇妙な多肉植物）は東京の路地裏にある家の玄関口や窓にひしめき合っている。アレキサンドリアやバルセロナといった地中海の都市では、観葉植物やミント、バジルの鉢植えがバルコニーに所狭しと並べられている。

観葉植物は世界中を転々とするうちに各々の文化によって変化し、地域によってお気に入りの品

枯れたモンステラの葉。観葉植物はその家なりの世話と放置の間で均衡をとりながら生きている。

種が開発されてきた。たとえばオレンジ色の花を咲かせるクンシラン属（Clivia）は南アフリカ原産だがヨーロッパと北米で栽培され、中国、日本、韓国で人気となり、各国でさまざまなタイプの栽培品種が愛好されている。[6] 地域が異なれば、好まれる品種も異なるのだ。合衆国ではドラセナ属（Dracaena）といったどちらかと言えば大型の植物が人気で、おそらく部屋が比較的広いことや、フロリダの種苗園から入手しやすいことが関係しているのだろう。イギリスや合衆国では、人間が快適に暮らすことより観葉植物の幸福を優先させる家庭もある。

しかしこういったバリエーションはあれど、国際的な観葉植物も今では存在する。レバノンのベイルートやイギリスのロンドンやコロンビアのボゴタの店を訪ねてみれば、多くの同じ種を見かけるだろう。栽培品種まで同じという場合も多い。実際、それらは同じ生産者のものだったり、同じ

ラッキーバンブーはラッキーでもバンブー（竹）でもなく、中央アフリカのギンヨウセンネンボクを挿し木したものである。

ジョン・ナッシュ『窓辺の植物』(1940年代)、彩色木版画。観葉植物は家庭の伝統的な装飾品で、遠く離れた自然界と家庭をつなぐ架け橋としての役割を果たしてきた。

園芸オークション会社から入荷したものだったりする。以前は大都市圏への供給は特定の地域の農園が担っていたものだが、空輸やコンテナ輸送や長距離運送が可能になると、それらを駆使できる遠方の種苗園に取って代わられた。これにより小さな種苗園や独立系の育種家の生存能力や創造性は不幸にも抑制されてしまった。

近年、観葉植物に対する一般の関心は劇的に高まっている。品揃えの良い観葉植物店に行けば、多くの園芸家が長く不可能と考えていた現象を目の当たりにするだろう――若者が胸を躍らせながら植物を買っているのだ。[7]オリヅルランとマクラメ編み鉢カバーの流行が廃れても、のちの世代が植物を育てる喜びを再発見するとその記憶がよみがえる。オーストラリアの世帯の3戸に1戸は観葉植物を複数所有しているそうだ。[8]植物の売上高は増加し、関連書籍が多数出版され、ソーシャルメディアを通じて多くの栽培者がつながっている。たとえばフェイスブッ

クリヴィア・ロングウッドデビュタント（学名 *Clivia 'Longwood Debutante'*）。ペンシルヴェニア州ロングウッド・ガーデンズの育種プログラムで作られた。

クのハウスプラント・ホビイストというグループは36万6000人の会員数を誇り、ハウスプラント・グロワーズというグループの会員は15万7000人を超える。

この観葉植物愛はいにしえから伝統的に存在し、今も続いている。[9] 私たちは何千年にもわたり、植物、通常は花と葉を、季節や祝日を記念するために、家に幸運と神の恵みをもたらすために、生活に彩りを添えるために飾ってきた。[10] この関係が有史以前の埋葬にさかのぼるのはほぼ間違いなく、今日では10億ドル規模の切り花市場として繁栄している。[11] 多くの古代社会は生きた植物を寺院や宮殿の装飾に使った。古代エジプトのハトシェプスト女王（前1507〜1458年頃）が、神殿に植えるボスウェリア属（Boswellia）の香木［乳香の原料となる］を得るために遠く離れたプント国（おそらく現在のソマリランド）に遠征隊を送ったのはその一例である。[12] この事例は古代に組

ロジャー・エリオット・フライ『クンシラン』(1917年)、油彩、カンヴァス。

インドのムンバイ、パリ・ヒルにあるガーデンハウス。建築家ディズニー・デイヴィスとニティン・バルチャ設計によるこの建物は、植物と建築のつながりと、より自然な生活空間への欲求を示している。

織立った植物採集が行われていたことを示すだけでなく、エキゾチックなものへの崇拝がいかに広がっていたかを如実に示している。この崇拝があるからこそ、今も私たちは園芸に情熱を燃やすのだ。「exotic（エキゾチック、異国的な）」という言葉はギリシャ語のエクソ（exo、外部の）に由来し、別の場所や文化から来た加工品や製品を指す。[13] この言葉には、奇妙な、魅力的な、ときには邪悪な、ときには風変わりな、という言外の意味が含まれ、そして観葉植物についてはここが重要なのだが、熱帯の、という意味合いが含まれる。多くの人々にとって、観葉植物は手頃なエキゾチカ（異国風のもの）なのだ。

エリザベス1世時代のロンドンの人々が初めて生きた熱帯植物を見た際の衝撃はいかばかりだったろう。21世紀を生きる私たちには想像も及ばない。当時エキゾチカを所有するというこ

オーストラリア、メルボルンのプラントショップ。観葉植物はタイ、中国、オランダ、オーストラリア、合衆国の生産者と市場を結ぶ、数百万ドル規模の巨大な国際取引の主役である。

とは、洗練された雰囲気を身にまとい、世故に長け、稀有で驚嘆すべき高価なものに触れられる人間だということを意味した。今日、高級でレアな観葉植物もあるにはあるが、たいていは手頃な価格で手に入り、衝動買いされることが多い。挿し木や種子が無償でやり取りされる場合もある。こういったやり取りによって、植物は個人の歴史をとどめるものとしての役割を果たす。何十年も大切に手入れされる観葉植物もあれば、一時的に楽しんだ結果捨てられる植物もある。葉の落ちたポインセチアや腐ったシクラメンが1月半ばにたどる悲惨な運命だ。

西欧の観葉植物文化の始まりは、中世のカーネーション（学名 *Dianthus caryophyllus*）栽培にさかのぼる。その美しさと香りが珍重され、冬越しのために家に

センネンボク（学名 *Cordyline fruticosa*）は古代ポリネシアで栽培化された植物で、現在は熱帯の観葉植物として広く栽培されている。ハワイでは家に幸運をもたらす植物として、昔から玄関や家の角に植えることが多い。

観葉植物は熱帯植物のなかでも特別な集団で、大規模に殖やすことができ、屋内の環境で生き延びることができる。

持ち込まれたのだ。[14] しかし装飾用に植物が屋内に持ち込まれたのは、17世紀初頭になってからのことである。サー・ヒュー・プラット（1552〜1608年）は園芸についての著書『植物の楽園 *Floraes Paradise*』のなかでこの様子を「屋内の庭園」と形容している。「すばらしい美術陳列室、広い応接室、あるいは宿泊室があって……そこに甘い香りの草花、もし可能なら果実が飾られているのは喜ばしいことだ[15]」。17世紀末には旅行家で日記作家のセリア・ファインズ（1662〜1741年）が、イギリス、ウォバーンのベドフォード伯爵邸で異国の植物を数多く目にしている。「食堂の窓のそばにはさまざまな種類の花々と珍しいグリーンの鉢、すばらしいオレンジ、シトロン、レモンの木やギンバイカ、フィレリア属(Phillyrea)、すばらしいアロエがある[16]」。トマス・フェアチャイルド（1667頃〜1729年）が1722年に出版した『都市の庭師 *The City*

観葉植物取引の暗黒面。染色され、変性され、ワックスに浸されている。

Gardener』によれば、「部屋や寝室に花や木の枝の鉢を飾ること」にロンドン市民は新たな関心を寄せていたという。[17]

19世紀に観葉植物への興味が高まったのは、さまざまな要因が重なったためである。ウォーディアンケースと呼ばれる植物運搬用の容器が発明されたおかげで、植物を熱帯から温帯地域に運べるようになり、植物を健全で満足度の高い趣味とみなす家庭(貴族階級の収集家だけでなく)が増え、趣味人や収集家の注意を引くことに腐心する熱帯植物専門の種苗園が増えた。私たちが現在栽培する植物の多くは、19世紀の種苗園で栽培化が始まった。重要なのは、それまでなかった新たな技術、つまり交配によって園芸界が活性化したことである。ヴィクトリア期の種苗園はこの技術を喜んで採り入れた。

現在の観葉植物産業の規模は驚異的だ。2014年には5000万株以上のポインセチアと450万株のセントポーリア(アフリカスミレ)が合衆国で

ミラノの花市場で観葉植物を買う人々、1979年。

販売され、合衆国の観葉植物市場の総額は7億4700万ドル（約5億5900万ポンド）に達した。[18] 個々の植物が多額で取引されることもある。2020年にはニュージーランドでひと株のサクランが6500ニュージーランドドル（約3340ポンド）で売られ、5000ニュージーランドドル（約2570ポンド）で売られたモンステラの記録を塗り替えている。[19]

観葉植物の栽培と輸送は、今日では私たちの家やオフィスと、オランダ、フロリダ、韓国、タイ、コスタリカの遠く離れた栽培者とを結ぶ複合産業になった。伝統的な園芸技術、つまり熟練した育種家の眼力や洞察力と、遺伝学や植物生理学のハイテクツールとのバランスを取りながら、業界は目新しいものを次々と提供し続けている。

経済的に豊かになり余暇が増えるにつれ、私たちは植物を喜んで家に迎え入れるようになった。今日、少なくとも世界の裕福な地域では、窓が大きくなって採光がよくなり、暖房も頼もしく安定していて、何より、石炭やガスに汚染された空気を浴びる心配がなくなった。かつては植物を選ぶ際、汚染された環境に強いかどうかが指標になった。ハランは劣悪な環境に負けない植物のひとつで、禁酒法時代の作家が次のように書いている。「古い酒場のアルコールが充満した空気のなかで、あるいは現代風なもぐり酒場やビアガーデンで、飲み残しのビールや食器を洗ったあとの汚水をかけられるだけでこの植物が育っていた、という例もある」[20]

かつては観葉植物が有毒な気体を発生させ睡眠中の人間に健康被害を及ぼすという説があった。[21]ジョン・モリソンは『新しい実用的な窓辺の園芸 *The New Practical Window Gardener*』(1877年)のなかで、「植物の花は他の部分に比べ多くの炭素を放出するので、睡眠中は部屋に花束を置くべきではない」と警告している。[22]現在の風潮はこれとは対照的だ。今日では植物は室内の空気から汚染物質を濾過するすばらしいメカニズムをもつとして広く奨励され、崇め奉られている。

私たちの多くは人口が過密した都市で暮らしている。都市の生物群系は地球の地表の約3パーセントを占め、人口の55パーセントがそこに住んでいる。これは地球でもっとも新しい生態系であり、新たな生態環境が生まれている場所でもある。[23]新たな都市の生態系で重要なのは、室内の生活空間、つまりわたしたちの家の生態環境だ。[24]都市に住んでいると自然に触れるのはますます難しくなり、自分らしい生活空間を作りたいという欲求がますます高まる。観葉植物は私たちが自然と日常的に触れ合うための重要なツールであり、感性と創造性の表現手段となることで私たちの健康と幸福に貢献し続けるだろう。革新的な分子研究により、観葉植物が家の生態環境に大きな役割を果たし、部屋の微生物多様性と作用し合って影響を与えることがわかっている。[25]

観葉植物は生活していくうえで大切な役割を果たす。喜びを得るため、個々の家庭らしさを表現するため、そしてときには社会的名声を示すために買い求められる。観葉植物は人々の注目を集め、情緒を安定させてくれる。自分がどのようなものに好奇心を抱いているかを明らかにしてくれる。観葉植物は何年、ときには何十年間も生活を共にする可能性がある。実際、配偶者より長生きするものもあれば、世代を超えて家族の一員であり続けるものもいる。何百万もの人々が購入したり、交換したり、ときには盗んだり、プレゼントしたりしているが、その基本目的は生活に喜びと豊かさを加えることだ。

私たちが今日育てている観葉植物は、何世紀にもわたる植物収集から生まれた。丈夫なうえ、家主にとって魅力的な植物ばかりだ。熱帯地域から吟味されて採集されたこれらの植物の歴史は、しばしば失われ、市場取引や宣伝の都合で起源が曖昧になっているものも多い。実際、「サボテンと多肉植物いろいろ」などとラベルを貼られて名前も明記せずに売られているものもある。イギリスの販売業者パッチ社は学名を使用せず、たとえばカシワバゴムノキ（学名 *Ficus lyrata*）をフィデル、アロカシア・ポルトドーラ（学名 *Alocasia 'Portodora'*）をドーラ、ドラセナ・フラグランス（学名 *Dracaena fragrans*）をミック、フィロデンドロン・スカンデンス（学名 *Philodendron scandens*）をフィル、といったように商品名を変えて、その生態学的、分類学的、あるいは歴史的な背景を一掃した商品としてのアイデンティティを確立している。一例を挙げると、キャシーという商品名で、あるいは「絶対に枯れないセット」の一部として売られている植物は、ザンジバルのイギリス副領事でイン

ハイディ・ノートン、『私のディフェンバキアとタープ』2011年、アーカイバルピグメントプリント。

ド洋の奴隷取引廃止に尽力したジョン・カークが1869年に採集したザミオクルカス（学名 *Zamioculcas zamiifolia*）だ。「ZZ」の名で世界的に取引されているこの非常に丈夫な植物は、タイや中国で100万株単位で殖やされ売られているが、生態環境や歴史についてはは知られていない。

動植物や文化的な収集物すべてに言えることだが、私たちの家にも不思議さと悲惨さが絡み合った物語がある。我が家に何世紀にもわたって長期滞在し、はるか昔の植民地時代の雰囲気を漂わせている植物もある。ひょろ長い観葉植物のインドゴムノキ（学名 *Ficus elastica*）はよく知られているが、19世紀の経済植物学者にとっては、この植物は耐水性ゴムの原料だった。同様にチトセラン属（Sansevieria）は、乾燥した熱帯地域では繊維作物として植えられていた。

初期の植物の採集場は、植民地の軍事活動や交易の最前線でもあった。南アフリカ原産のチヨダニシキ（学名 *Aloe variegata* または *Gonialoe variegata*）は、影響されやすい新参者を中毒性の高いサボテン・多肉植物収集の世界に引き込む「入口」となる多肉植物だが、これは1680年代にケープ植民地で採集され、以来ヨーロッパで栽培されている。同様にドラセナ属は1690年代に西アフリカからオランダに到来後、約150年間人気の観葉植物であり続けている。今ではどこにでも見られるサイントパウリア属（Saintpaulia）は20世紀初頭にドイツの植民地行政官がタンザニアの山の森で採集した後、1世紀以上にわたり熱心な品種改良が繰り返され、途方に暮れるほど多くの品種（見方によっては醜悪な品種）が作られてきた。

観葉植物のなかには厄介な歴史に関係しているものもある。カリブ地域と南米原産のディフェンバキア属（Dieffenbachia）はいわくつきのサトイモ科の植物で、1870年代には野生種が交配さ

ディフェンバキア。鑑賞植物、民族植物学の情報源、残酷な植民地時代の毒物、アマゾンの家庭の魔除けといった、迫力ある歴史を持つ植物。

れ、鑑賞用として長く栽培されている。コロンブス以前の文化では、この植物は効果の高い薬および毒薬（たとえばクラーレという樹脂状の物質と混ぜて毒矢に塗った）として使用されたが、カリブ海地域で奴隷経済が確立すると、この効能が悪用され、奴隷となった人々への残忍な罰として使われた（この植物が口に入ると炎症が起きるため「口がきけなくなる茎」という異名もある）[26]。のちにナチの支配者は、劣等人種とみなした囚人の集団断種にこの植物の毒性を利用することを検討している[27]。商業目的で栽培された美しい植物。コロンブス以前の民族に関する貴重な民族植物学的情報源。残忍な人種主義者が処罰に使用した薬品。さらにブラジルのアマゾン川流域地方では魔除けとして家のベランダに植えられる[28]。ひとつの植物にこれだけ多くの物語があるのだ。

　西洋の観葉植物文化はヒュー・プラットのガーデニングマニュアル『植物の楽園』（1608年）

観葉植物はインテリアデザインの一部であり、この1938年のディー・ダーム誌に掲載された写真のように、しばしば野心や社会的地位を示すものとして使われた。

から始まったと考えて差し支えないだろう。つまり観葉植物には４００年の歴史があるのだ。この間、嗜好の変化や生産方法の変化（大量生産と大量市場に好都合になった）によってはやりすたりを繰り返しながら、さまざまな種が家の装飾用に次々と導入され販売された。熱狂的大流行のあとに消えていった（たとえば19世紀のシダ熱のあとのシダ）植物もあれば、愛されたり飽きられたりのサイクルを何度か繰り返し、結局生き残っている驚くべき植物もある。モンステラはその一例だ。

観葉植物は、上品だ、無価値だ、エキゾチックだ、平凡だ、醜悪だ、などさまざまな見方をされるが、ファッションやデザインの世界では、デザインの動向に刺激や影響を与える役割を果たしてきた。今日、観葉植物の絵柄は衣類、布地、家庭用品、コンピュータケースに使われている。20世紀初頭にはウィーンの壮麗な鉄道駅のアールデコのデザインに影響を与えた。また、バウハウス［美術と建築に関する総合的な教育を目的としてドイツに創設された学校］を創設したヴァルター・グロピウスは熱心なサボテン収集家だった。

熱帯の室内植物は文学にさまざまな象徴やメタファーを提供してきたが、そういった点で特に注意を引きつけた植物がいくつかある。[29] たとえば、カラジウム属（Caladium）はフランスの世紀末の作家たちに非常に汚れた腐敗の象徴とみなされた。観葉植物が殺人者として描かれた作品もある。H・G・ウェルズの短編『めずらしい蘭の花が咲く』［『世界最終戦争の夢』所収。阿部知二訳。東京創元社。１９７０年］（１８９４年）や、映画ではコメディ・ミュージカルの『リトル・ショップ・オブ・ホラーズ』（１９６０年、１９８６年）、ＳＦの『ボディ・スナッチャー』[30]（１９５６年、１９７８年）や最近の『リトル・ジョー』（２０１９年）などだ。また、グレイシー・フィールズ

チトセラン属のような植物は、美術やデザインにエキゾチックなモチーフを提供してきた。アンリ・ルソー『赤道上のジャングル』1909年、油彩、カンヴァス。

の「世界で一番大きなハラン」という歌や、ボードレールとエミール・ゾラによる文学のメタファーとして、さらには布地、彫刻、絵画にも観葉植物は使われてきた。アンリ・「ドゥアニエ（税関吏）」・ルソーは、密林を描いた絵のなかにチトセランなどエキゾチックな大きな葉を繰り返し登場させている。ドリームワークスによるアニメーション映画『マ

植物と人との結びつきが驚くほど親密になる場合もある。ランマ・ダンマことウリ・ホッパーは鉢植え植物（名前はクサンチッペ）と「結婚」した。スコットランド、グレトナグリーンにて、2012年。

家に招き入れた植物に暗黒面があることも。『リトル・ショップ・オブ・ホラーズ』（1986年、フランク・オズ監督）に登場する人食い植物、オードリーII。

ダガスカル』（2005年）はあつかましくもこれをまねた背景を使っている。さまざまな書籍、ブログ、ウェブサイトから、観葉植物への関心が非常に高まっていることがわかる。多彩なニーズに応じた本が市販されているようだ（実例を挙げると、「植物に愛される方法」といったタイトルの本や「植物と少年たち：室内植物を手入れするセクシーな男たち」というカレンダーなど）。ホロスコープに基づいて新しい植物を選びながら、観葉植物の健康を促進する電子音楽を聴くことすらできる。

過去400年にわたる観葉植物の育種には、トマス・フェアチャイルドが1717年に最初の園芸用交配種「ミュール」を生み出してから、今日の遺伝子技術の適用に至るまで、ますます

「不適切な肥料は悪影響を及ぼす可能性がある」、ノーマン・テルウェルによる漫画、『アップ・ザ・ガーデン・パス』（1967年）

科学を基盤とした方法がとられるようになっている。また各育種家は、植物に対する個人の理想を追いつつ営利事業であることを理解したうえで、育種を芸術の域にまで進化させている。

窓台に植物を置くだけではけっして十分ではない。観葉植物への関心が高まるにつれ、栽培に必要な器具も増えてくる。19世紀にナサニエル・ウォードのガラス容器（ウォーディアンケース）が成功したおかげで、石炭の有毒な煙に当てることなく、家庭でさまざまな植物を育てられるようになった[31]。ウォードはデリケートな異国の植物を世界中に船で輸送できる道具を作り上げ、植民地産業を活気づけるとともに、ヴィクトリア期の家の装飾の主役を作り上げたのである。今日、新たな園芸ツールのおかげで、私たちは植物学者パトリック・ブランに触発されたすばらしい緑の壁や、ウォーディアンケースの21世紀版、すなわち故・天野《あまの》尚《たかし》による美しい水中インスタレーションをはじめとするテラリウムやアクア

サボテンに余計な飾りを施す。鉢植えのサボテンに造花が飾られている。

生きた植物と生きていない植物を区別するのがどんどん難しくなっている。写真はプラスチックの植物の寄せ植え。

A NIGHT BLOOMING CEREUS

COBEA VINE IN A WINDOW

この1世紀の間に観葉植物園芸の専門技術は向上し続けている。左は夜咲きのケレウス属のサボテン、右はツルコベア。パーカー・T・バーンズ『観葉植物とその育て方 *House Plants and How to Grow Them*』（1909年）より。

リウムを作ることができる。[32]

観葉植物はさまざまなルートを通って家庭にやって来る。そして私たちはそれぞれの植物とさまざまな関係を持つ。観葉植物のコレクションは、個人が興味を抱いたものの飾り棚、つまり「記憶の劇場」と言ってよいだろう。この棚は物語や思い出や個々の持ち主のセンスが組み合わさってできている。それぞれのコレクションには継続と変化が混在しており、各植物にまつわる記憶は、新たな成長や開花を期待することによっていっそう確かなものになる。

栽培者のなかには植物とのんびりした関係を築く（「植物にはふたつの可能性がある。枯れるか健康に育つかだ」といった具合）者もいる。こういった人たちは、植物がその家なりの愛し方や放置の仕方で生きられるくらい丈夫ならそれで十分満足と考える。

対極にあるのは専門的なコレクターたちだ。彼らはもっとも希少でもっとも美しい植物を追いかけ、自分たちが植物売買の世界では重鎮であることを確認し、もっとも腕のいい栽培者と親密に交際し、新たな逆浸透浄水システムについて並外れた熱意をもって語る。こういった人物は深い、しばしば独特な栽培知識を身につけ、野生での採集地を示す幻惑的な採集番号つき植物によからぬ価値を見出す。野生から採集された植物は、通例購入すべきではないのだが。

その中間にいるのが、さまざまな入手先から得た多様な植物を育て、器具にはほとんどこだわらないが、園芸の手引きや挿し木には物惜しみしないというタイプだ。こういった、植物をたくさん持つのが好き、という幸福な人々は、所有する植物について学ぶのには熱心だが、失うことについては運命論者だ。成功すると有頂天になり、熱狂するあまり、さまざまな植物のグループを2年から5年のサイクルで気に入って買い込んだり捨てたりする。

観葉植物の栽培には暗くもの悲しい側面がある。植物がワックスに漬けられたり、きらきらした粉をまぶされたり、蛍光色に染められたり、造花をピンで留められたりするわびしさ。衝動買いしたものが期待はずれで、枯らしてしまうこともあるだろう。こういった行為は安易に繰り返され、人工的な観葉植物という暗黒の王国ができあがる。そこでは生者と死者を分けるのは困難だ。[33]

観葉植物の盗掘については、長く恥ずべき歴史がある。よくあるのは挿し木用に枝を摘み取ることだ。ガーデニングクラブの団体が公共の庭園にバスで押し掛け、盗んだ茎でいっぱいの袋を持ち帰る話はよく聞く。何より困るのは、盗まれたのが成長が遅かったり、貴重だったり、絶滅の危機にさらされていたりする植物の場合だ。盗難に遭った栽培者は感情的にも経済的にも打ちのめされる。代表例は英国王立植物園のキューガーデンから盗まれた世界最小のスイレン、ニンフェア・サーマルム（学名 *Nymphaea thermarum*）だ。この植物はルワンダで唯一の野生の生息地が失われたのち、栽培されて生き延びていたものだった。[34]

今こそ観葉植物の歴史と効用について再考するよい機会だ。観葉植物ルネサンスともいうべき時代なのは明らかで、かつてないほどさまざまな種が改良され、家庭で栽培されるようになっている。ヴィーチ、ロッディジーズ、ヴァン・ホウテ、ロックフォードといった観葉植物の代表的な革新者たちは、今日私たちが育てている植物の種類や品質、そして国際的取引を支える最先端の科学を知ったら驚愕するだろう。ソーシャルメディアの「プラントフルエンサー」〔植物に関するインフルエンサー〕には面食らうだろうが、観葉植物の育て方についての情報を交換するオンラインコミュニティには感動するだろう。

『植物の楽園』の出版から400年を経て、観葉植物は地方で殖やされ販売されることの多いマイナーな商業作物から、世界的な作物へと進化した。少数の種から数百種へと多様化し、何千もの栽培品種がそこから生まれた。おそらく地上でもっとも多彩な植物栽培化の試みだっただろう。観葉植物の多様化は園芸技術の進化によって推進され、新たな分子ツールによってますます形作られていくと思われる。もしかすると一番刺激的なのは、観葉植物が景観へと進化を遂げたことかもしれない。内も外も植物で徹底的に包まれた緑の壁やタワーのある風景だ。これこそが都市の生物群系の植生態だと言えよう。

第1章　「エキゾチック」を求めて

いかなる国にも可能な最大の奉仕は、その文化に有益な植物を加えることだ。
合衆国第3代大統領トマス・ジェファーソン（1800年頃）

品揃えのよい観葉植物店や園芸用品店を訪ねると、驚くほど形や色が多彩な植物に出会うことができる。東アフリカ原産の青やピンクの花を咲かせるセントポーリア、アジア原産で濃緑色の紋章のような葉をつけるアロカシア属（Alocasia）、白っぽい、カリフラワーにも似た幾何学的なロゼット模様を作るメキシコの多肉植物エケベリア属（Echeveria）、メキシコ原産で赤やピンクの苞葉《ほうよう》（花のような葉）を持つポインセチア、南アフリカ原産で背が高く枝つき燭台のようなチュウテンカク（学名 *Euphorbia ingens*）を見かけることもあるだろう。こういった植物の野生の生息地は、タンザニアの霧深い高地の森林、アジアの熱帯雨林、メキシコの乾燥した落葉樹林、南アフリカの半乾燥地帯など、バラエティに富む。野生の生息地で採集されてから何十年にもわたり（場合によっては何世紀にもわたり）繰り返された育種と選別の物語もさまざまだ。植物や種子が野生の地で採集さ

ニューギニアインパチェンスの交配種は、ロングウッド・ガーデンズの育種プログラムの一環として、野生から採集した植物を改良したものである。

れた瞬間から、これらの植物は人間による加工品の材料となる。形や色や生理機能が野生の株とかけ離れたものになる場合も多い。

観葉植物はさまざまなルートを経て西洋で栽培されるようになった。アイザック・ベイリー・バルフォアが19世紀にソコトラ島からベゴニア・ソコトラナ（学名 *Begonia socotrana*）とエキザクム・アフィネ（学名 *Exacum affine*）を持ち帰ったような、学術調査旅行によるものもある。最初のセントポーリアが植民地時代のタンザニアから来たように、外交用郵便袋でもたらされた場合もある。さらにはヴィーチ商会が派遣した「旅人」のような商業的プラントハンターによる場合もある。ときには個人のコレクションや大学の庭園から放出されたり流出したりする場合もある。まれな事例だが、1970年にニューギニアからツリフネソウ属（Impatiens）を持ち帰ったロングウッド・ガーデンズのように、有望な観葉植物を品種改良するために植物園が調査隊を派遣することもある。[1] しかし、新たな植物を得ようと思うとき、もっとも便利なのは他人のコレクションと種苗園だ。きちんとした実地調査を行い、鋭敏な目で株をチェックし、植物への高まりつつあるニーズを幸運にも理解しているからだ。

多くの育種家は、奇妙な植物、珍しい植物を商業作物に変えられないかと努力してきた。これには巨額の投資と何十年にもわたる研究が必要だ。科学と芸術を結びつける錬金術のようなプロセスで、分子遺伝学の助けを大きく借りているが、それでもまだ育種家の直感に頼る部分が多い。ほとんどの品種で育種家が変わったり流行が変わったりするごとに、計画の進行も停滞したり再開したりする。

アフリカの仮面のような葉を持つアロカシア・アマゾニカ（学名 *Alocasia × amazonica*）は、いくつかの観葉植物と同じく、独特な経路をたどって栽培化にこぎつけた。この美しいサトイモ科の植物の葉は、深緑色で白い葉脈が入り、裏側が濃い紫色をしていることが多い。大きな葉をもつアロカシア・ワトソニアナ（学名 *A. watsoniana*）――アロカシア・ロンギロバ・コンプレックスのひとつ――とアロカシア・サンデリアナ（学名 *A. sanderiana*）というアジア原産のふたつの種の人工的な交配種だ。サンデリアナという名は19世紀イギリスの偉大なラン種苗園、セント・オールバンズのサンダー商会に由来し、フィリピン固有の種だが、フィリピンでは絶滅が危惧されている。[2] この交配種は1950年代に育種家のサルヴァドーレ・マウロが作り、栽培品種名の「アマゾン」は、交配が行われたマイアミの種苗園にちなんでつけられた。[3] この人工交配種はアフリカともアマゾンとも無関係だが、すばらしくエキゾチックだ。

園芸著述家ヒュー・プラットが1608年に『植物の楽園』を出版した頃には、熱帯植物の多様性についての全体像はまったくつかめていなかった。[4] この地域に対する理解は乏しく、ヨーロッパの園芸家が情報を得て魅力を感じるような資料もなかった。また、生きた熱帯植物を輸送するのは事実上不可能で、栽培法についてもまったくと言っていいほどわかっていなかった。それでも異国の植物はヨーロッパの市場にゆっくりと出回り始めた。たとえば王室薬剤師でサボテン収集のパイオニアでもあるヒュー・モルガン（1530～1613年）は、カリブ地方のメロカクトゥス属（Melocactus）をロンドンで栽培し、おそらく販売した。[5] 野外植物学の先駆者で薬剤師でもあるトマス・ジョンソンは1633年、ロンドンのホルボーンにある自分の店に初めてバナナの房を陳列した[6]。今ではあまりぴんとこないが、遠く危険な熱帯地方が植物学者やコレクターの想像をはるかに超えていた時代である。こういった奇妙な植物が、基本的にヨーロッパの植物しか知らない人々に与えた衝撃はすさまじいものだった。

貿易が世界規模へと発展するにつれ、以前には思いもよらなかった多様性と美しさが熱帯植物にはあるという考えが、西洋人の意識に定着していった。珍しい植物や寒さに弱い植物に「エキゾチック」という言葉を使ったのは、イギリスの植物学者ジョン・ジェラードが最初である。彼はこの言葉を著書『本草書 *Herball*』（1597年）のなかで使っている[7]。当時多くのエキゾチックな植物が南米から持ち込まれ、それは今も夏の庭や熱帯庭園で不動の地位を占めている。チューベローズ（学名 *Polianthes tuberosa*、現在は *Agave amica*）やオシロイバナ（学名 *Mirabilis jalapa*）もそのひとつで、ともにみごとな香りがする。

こういった新しくて繊細な植物には、当然取扱説明書などない。ヒュー・モルガンやジョン・トラデスカント（父）（1570頃～1638年）など、優れた園芸家が研ぎ澄まされた直感力でそういった種の栽培法や繁殖法を苦心して探り当てたに違いない。新しい異国の植物の多くは、おそらく冬場は藁に包まれて倉庫に保管され、なかには家に持ち込まれたものもあっただろう。冬期に枯れる率は高かったに違いない。のちにジョン・イーヴリン（1620～1706年）は未刊行の『イギリスの極楽 *Elysium Britannicum*』のなかで初期の温室がどうやって温められたかについて説明している。「大鍋に石炭を入れてがんがん燃え立たせ……それを手押し車に載せ、ふたりの男が温室のなかにそっと運んだ[8]」。厳しい冬が終わるまで、植物にも園芸家の肺にも恐ろしい状況だっ

熱帯のサトイモ科植物の大きな葉は、何世紀にもわたり園芸家を魅了してきた。写真はフィロデンドロン・ギガンテウム（学名 *Philodendron giganteum*）の葉。

たのは容易に想像できる。

熱帯のサトイモ科の植物、とくに大きな葉を持つ中南米のフィロデンドロンやモンステラは、植物学的発見と商業的な売り込み文句によってどのように園芸熱が高まったか、そしてこういった種がその後どのように人気の観葉植物として定着したかを物語っている。[9] お目見えのときから、ヨーロッパの園芸家たちは遠い「灼熱の世界」の象徴ともいうべきこの植物に魅了された。サトイモ科の植物は、もっとも人気が高く注目に値する観葉植物だ。このなかには中国の常緑のアグラオネマ属（Aglaonema）、大きな葉を持つアロカシア属とサトイモ属（Colocasia）、フラミンゴのような花を咲かせるアンスリウム属（Anthurium）、けばけばしいが華麗なカラジウム属（Caladium）、まだら模様の葉を持つディフェンバキア属（Dieffenbachia）、つる性のエピプレムヌム属（Epipremnum）、モンステラ属（Monstera）、ス

深く裂けた葉と気根が特徴の大型観葉植物、フィロデンドロン・メロ・バレトアヌム（学名 *Philodendron mello-barretoanum*）。

キンダプスス属（Scindapsus）、フィロデンドロン属（Philodendron）、ソテツにそっくりのザミオクルカス属（Zamioculcas）、白い花を咲かせるスパティフィルム属（Spathiphyllum）などが含まれる。これらはおもに熱帯林の植物で、ほとんどが着生植物あるいは半着生植物として育つ。対照的にザミオクルカス属は乾燥した低木林地の陸上植物である。そしてサトイモ科に特有なCAM型光合成（ベンケイソウ型有機酸代謝）を行う。これにより水分の損失を最小限に抑えられるため、季節的に乾燥した環境でも育つし、観葉植物になってほったらかしにされても生き延びることができる。[10] また、アジア原産のクリプトコリネ属（Cryptocoryne）やアフリカ原産のアヌビアス属（Anubias）など熱帯性のサトイモ科の植物は、伝統的に熱帯魚飼育用の水槽で栽培されてきたが、しだいにテラリウム（またはパルダリウム）でも見られるようになっている。

東アフリカの乾燥地帯原産で今日「ZZ」の通称で知られるザミオクルカス（学名 *Zamioculcas zamiifolia*）は、ほぼ枯れることのない観葉植物として販売されている。カーティス・ボタニカルマガジン98巻（1872年）より。

フランスの植物学者で神父のシャルル・プリュミエ（1646～1704年）がカリブ海地域で植物採集をしたことがきっかけで、温帯地域の人々は熱帯のサトイモ科植物に魅力を感じるようになった。熱帯のサトイモ科の植物（フィロデンドロン属の種）はドイツの博物学者ゲオルク・マルクグラーフ（1610～44年）がすでにブラジルで採集していたが、科学的な研究が本格的に始まったのはプリュミエからだ。彼は1689年の旅行記『アメリカ大陸の植物 *Description des plantes de l'Amerique*』（1693年）のなかで、これらの植物の奇妙な成長と目を見張るほど大きな葉について解説している。プリュミエは1693年に2度目、1695年に3度目の航海に出ている。当時の多くの博物学者がそうであったようにプリュミエも、ヨーロッパで栽培することも生きたままヨーロッパに運ぶこともできない種について記述し描いている。これらの驚くべき植物は手が届かないまま、興味をかきたて好奇心をそそる対象であり続けた。

ほかにも偉大な植物学者たちがプリュミエに続き、それぞれ驚くほどたくさんの熱帯のサトイモ科植物を紹介し目録に載せた。一時ウィーン大学植物園の園長を務めたニコラウス・ヨーゼフ・フォン・ジャカン（1727～1817年）は、ウィーンのシェーンブルン宮殿の庭園のために植物や動物を収集した。彼は雇い主であるフランツ1世から収集の優先順位について特別な、しかしおそらくはまったく参考にならない指示を受けていた。「ライオンやトラは必要なし」。「希少で私の庭園にふさわしい花の種類を自ら選ぶこと……美しいもの、あるいは香りのよいものに限る……ただし庭師は入手できるものならなんでもよいと考えがちなので、その傾向はいくぶん抑える必要がある」[11]。フォン・ジャカンはカリブ海地域で4年（1755～59年）を過ごし、そこでフィロデン

東南アジアおよびニューギニア原産のアグラオネマ属は、サトイモ科の観葉植物のなかでも非常に人気が高い。

ドロン属をはじめとする熱帯のサトイモ科植物を収集した。

フォン・ジャカンに続いたのは同じオーストリア人植物学者ハインリヒ・ヴィルヘルム・ショット（1794～1865年）である。父がウィーン大学植物園の園芸家だったため、彼は豊かな植物コレクションに囲まれて育った。1815年、彼はベルヴェデーレ宮殿の園芸家となり、その後フォン・ジャカンの推薦で、植物学者カール・フリードリヒ・フィリップ・フォン・マルティウス、ヨハン・バプティスト・フォン・スピックス、ヨハン・クリスティアン・ミカンとともにブラジルへの学術調査旅行に参加した。ショットは帰国後、シェーンブルン宮殿の植物と動物のコレクションの責任者に任命された。彼は驚くほどエネルギッシュで行動力にあふれ、現在観葉植物として一般的な多くの熱帯植物、たとえばアンスリウム属、ポトス属（Pothos）、エピプレムヌム属、モンステラ属、スパティフィルム属、フィロデンドロン属、ディフェンバキア属（彼はこれをシェーンブルン宮殿の庭師長ヨーゼフ・ディフェンバッハにちなんで名づけた）について詳述している。サトイモ科に関する論文を初めて書いたのもショットだ。おそらく彼の最大の遺産は、著書『サトイモ科図譜 *Icones Aroidearum*』（1857年）に収録された、大きな葉をつけたサトイモ科植物の3400点を超えるみごとな水彩画と鉛筆画だろう。プリュミエはサトイモ科の奇妙な葉の形を線画で紹介したが、この植物の魅力的な色合いと質感を表現したのはショットである。水彩画はシェーンブルン宮殿で栽培されていた植物を基にしており、おそらくこのすばらしい絵のコレクションが、熱帯のサトイモ科に対する園芸熱を推進するきっかけとなった。温暖で豊かな熱帯地方を象徴するサトイモ科の魅力を具現したのは、ショットの死後出版された『マクシミリアン陛下のサトイモ科植物 *Aroideae Maximilianae*』（1879年）の口絵だろう。そこには熱帯の木々にサトイモ科植物が巻きつき、いかにも熱帯らしい雰囲気を醸し出すコンゴウインコとモルフォチョウが森のなかを飛びかう光景が描かれていたのだ。

こういった熱帯のサトイモ科植物を代表するのが、人目を引く、そしておそらくあまりにもおなじみのモンステラ（学名 *Monstera deliciosa*）だろう。[12] シャルル・プリュミエはアルム・ヘデラケウム・アンプリス・フォリイス・ペルフォラテス（*Arum hederaceum amplis foliis perforates*）という名でモンステラ属について記述し、挿絵を描いた最初の西洋人である。今日園芸店で見かける種は、1832年にハンガリーの植物学者、ヴィルヘルム・フリードリヒ・カルヴィンスキー・フォン・カルヴィン（1780～1855年）がメキシコで初めて採集した。しかし彼の乾燥標本はミュンヘンの植物標本室で行方不明になった。カルヴィンスキーの業績はほかにもある。魅力的だが有害なペラペラヨメナ（学名 *Erigeron karvinskianus*）の学名には彼の名がついているし、断片ではあるがポインセチアの生きた標本をメキシコからドイツに送ってもいる。

モンステラを次に採集したのはデンマークの植物学者フレデリック・リーブマン（1813～56年）だ。1842年のことである。彼はこの種に命名し、挿し木をメキシコからコペンハーゲンに持ち帰った。その後、1846年にポーランドの植物学者ヨゼフ・ワルシェヴィチ・リッター・フォン・ラヴィチ（1812～66年）が採集し、グアテマラからベルリンに挿し木を送っている。今日居間を飾っているモンステラは、おそらくリーブマンとワルシェヴィチが採集した株の子孫だと思われる。今では熱帯庭園で当たり前に見られるモンステラを、大きな葉を持つ熱帯地方の華麗なシンボルと考える人は多い。しかし、この植物をまったく低俗で、プラスチック製のフラミンゴやポリネシア風のたいまつや大きなハイビスカスの花と同様に「安っぽい熱帯の象徴」だと考える人もいる。

他の多くの観葉植物にも言えることだが、野生のモンステラを見ると、私たちが育てているのは不完全な発育不良の植物だということがわかる。野生、あるいは熱帯庭園のモンステラは、みごとなつるを伸ばして他の樹木に巻きつき、光の方向に伸びて高さ20メートル以上に達する。成熟して初めて花を咲かせ実をつける。果実は素晴らしい香りで、完熟するとパイナップルとグアバの中間のような味がする。[13] 種子はふつう地上で芽生え、小さな葉がぱらぱらとついたつるが伸びて水平に成長する。ここでモンステラは奇妙な性質を示す。樹冠のもっとも暗い場所に向かって伸び（この

モンステラの葉。人目を引く観葉植物で、熱帯雨林のつる性植物。大きな葉を持つ、エキゾチックな植物の代表格。

成長パターンはスコトトロピズム［光から遠ざかる動き］と呼ばれる）、巻きつく木を見つけて初めて光のある方向に伸び始めるのだ。[14] より多くの光を求めて上に成長するにつれ、葉は大きくなり、茎は太くなり、葉の穴が顕著になる。私たちが観葉植物として育てているモンステラは、すべて生理学的には成熟しており、日光をいっぱいに浴びて葉に穴が開いている。成熟した葉を持つ植物から挿し木で殖やしたものだ。

プラントハンティングの歴史家タイラー・ホイットルは、植物導入の歴史をウォーディアンケース前とウォーディアンケース後に分け、ウォーディアンケースが異国の植物をヨーロッパへ、あるいはヨーロッパから異国へ安全に輸送する扉を開いたと考えている。[15] 前述したように、このケースのおかげでヴィクトリア時代の汚染された家のなかでも熱帯植物を栽培することが可能になった。この時代、熱帯植物の園芸に関する専門知識が大きく向上し、大規模な商業種苗園は、個人の栽培家であれ大農園であれ、コレクターの情熱を満たしかきたてることに躍起になっていた。異国から持ち込まれた植物は遠い世界からの使者であり、さまざまなことがらを象徴していた。冒険、ロマンス、逃避を連想させる刺激的な香り。貿易額や発生する利益。野心的な育種家向けの植物を満載した荷台。そして何よりも社会的地位と野心のしるし。

熱帯の観葉植物と栽培者はともに進化し始めた。19世紀の種苗園はまったく目新しい植物で売り上げを伸ばし名声を得るために、激しい競争をしながら次に大当たりしそうなサトイモ科植物を現地で収集してくれるプラントハンターを雇った。そういった会社のひとつが、ロンドンとエクセターのヴィーチ商会だ。ヨーロッパ最大の、同族経営の種苗園である。ヴィーチはプラントハンターの

ソテツに似たザミオクルカス属の硬い葉。

チームを運営し、ハンターたちの多くが人気の観葉植物となるサトイモ科植物をもたらした。トマス・ロブとジョン・グールド・ヴィーチが熱帯アジアから入手したアロカシア属やスキンダプスス属もそのひとつである。同じく熱帯アジアからはチャールズ・カーティスがアグラオネマ属、南米からはA・R・エンドレス、グスタフ・ヴァリス、ギレルモ・カルプライヤーがアンスリウム属（みごとなアンスリウム・ヴェイチイ〔学名 *A. veitchii*〕など）を、同じく南米からデヴィッド・ボーマンとリチャード・ピアースがディフェンバキア属をもたらした。ヴィーチ商会はプラントハンターたちに高い忠誠心と商業的成果を期待し、成功した者には最大の賛辞を送り、失望させた者は容赦なくこき下ろした。商会の社史『ヴィーチの庭園 *Hortus Veitchii*』（1906年）のなかで、匿名ではあるものの、あるプラントハンターについて「さしたる採集能力はなく、探検家の資質もまるでなく……呼び戻すしかなかった」と書いている。[16] ウィリアム・ロブ、リチャード・ピアース、デヴィッド・ボーマン、ヘンリー・ハットン、ゴットリープ・ザーン、J・ヘンリー・チェスタトン、グスタフ・ヴァリスといったヴィーチの「旅人」たちは、帰国することなく異郷で亡くなった。

リチャード・スティールは著書『ガーデニング試論 *An Essay Upon Gardening*』（1793年）のなかで、有閑階級のコレクターたちに、温室を建ててそれを機に新参の植物を育てるよう勧めている。「未知の海を航行し、荒涼とした島々や砂漠を横断し、東西インド諸島の森を探索し、熱帯の灼熱の国々を旅して偉大な業績を成し遂げた者たち」によって「もたらされたすばらしいさまざまな希少植物」を育てるべきだと。[17] コレクターの熱意をさらに煽ったのは、最新の熱帯植物を描いたすばらしい園芸書だった。種苗園が刊行した雑誌もある。たとえばボタニカル・キャビネット誌はロン

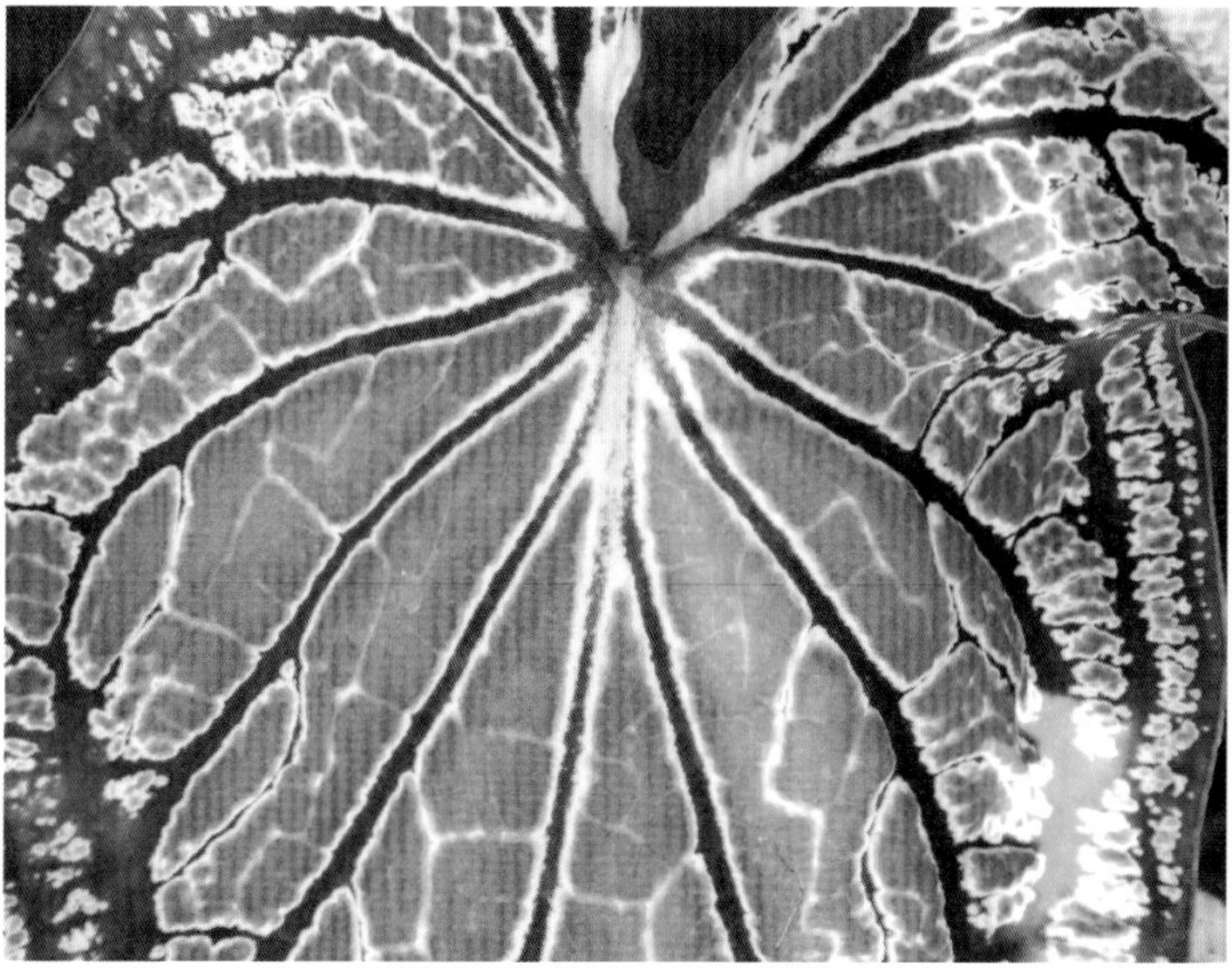

タイ産カラジウムの交配種。カラジウムの育種は150年の間にフランスからアメリカ、そしてタイに移っている。

ドンのロッディジーズが、『ヨーロッパの温室と庭園の植物相』誌はベルギーのヴァン・ホウテが出版した。他の美しい挿絵入り定期刊行物には、カーティス・ボタニカルマガジン（これは今も出版されている）やイラストレーション・ホルティコール誌、ベルギー・ホルティコール誌などがあった。

熱帯のサトイモ科植物のなかには、流行の変化や栽培技術の進化によって観葉植物としての価値が高まるまで市場に出されなかった種もある。ソテツまたは多肉植物のような外見を持つザミオクルカス（学名 *Zamioculcas zamiifolia*）もそのひとつだ。この植物は商取引では「ZZ」と呼ばれ[18]、1828年にカラジウム・ザミアエフォリウム（学名 *Caladium zamiaefolium*）という名で記載され図版化されたが、ショットによってザミオクルカス属に移された。もともとはブラジル原産と考えられていたが、1869年にジョン・カークがザンジバルからキュー王立植物園に送っている。これはヨーロッパと北米で広く栽培されているアフリカのサトイモ科植物のひとつで、非常に丈夫だという評価を得ている——しかし商業園芸の業界から注目されるまで100年以上を要した。今日窓台に置かれたザミオクルカスは、日照りで傷んだ野生種よりも葉が厚くつやつやとしているが、元の野生の植物とほとんど変わっていない。

逆に持ち込まれてほぼすぐに園芸家の目に留まり、何世紀にもわたり熟練した育種家によって改良を加えられた種もある。その一例は南米の熱帯地域原産のサトイモ科、カラジウム属だ。19世紀にヨーロッパの育種家によって初めて栽培され、アメリカに拠点が移ったのち、タイの育種家によって改良された。カラジウム属は1767年にフランスの博物学者フィリベール・コメルソンによってブラジルで発見され、まもなくイギリスに到来した。キュー王立植物園で栽培されていた植物のカタログ、『ホルトゥス・ケウェンシス』には、1789年にアルム・ビコロール（Arum bicolor）という名で掲載されている。ヨーロッパでカラジウムを最初に改良したのは、ベルギーの種苗園主ルイ・ヴァン・ホウテとフランスのランの交配家アルフレッド・ブルーで、1860年代のことだった。彼らが交配した2品種「トリヨンフ・ド・レクスポジション（展覧会の勝利）」と「カンディドゥム」は今日も取引されている。

カラジウムが初めて一般公開されたのは、1867年のパリ万国博覧会だった。1893年のシカゴの万国博覧会には、ドイツ系ブラジル人の園芸家アドルフ・ライツェの提供した苗木がブラジルから初めて合衆国に持ち込まれている。先駆的なフロリダの種苗園主ヘンリー・ネーリングがその苗木を購入し、オーランド近くのゴータにあるパーム・コテージ・ガーデンズで育種を開始した。一時は約1500品種の塊茎を毎年25万個栽培したと言われる。そのうちのいくつかは現在も取引されている。「ミセス・W・B・ハルダーマン」、「アルノ・ネーリング」、「ジョン・ピード」、「ファニー・マンソン」などだ。カラジウムの目を見張るような葉の色と模様は、園芸家によって評価が極端に分かれる。すばらしくエキゾチックだ、という人もいれば、ひどくけばけばしいと考える人もいる。フランスの世紀末の作家、たとえばジョリス＝カルル・ユイスマンスは、その色と質感から病気に侵された肉体を連想している。

庭師は小さい幌つきの馬車から「カラディウム」のコレクションを下ろした。それらは軟毛で覆われた膨れた茎の上に、ハート型の巨大な葉を支えていた。どれもみな同じ血族のように見えて、よく見ると一つ一つ違っていた。

　なかには薔薇色がかった珍種もあった。たとえば「童貞女《ヴィルジナル》」がそれで、ニスを塗った亜麻布、膠《にかわ》を塗った絆創膏を切り抜いたかのようであった。真白な珍種は、たとえば「アルバヌ」で、牛の透明な肋膜、豚の半透明な膀胱を切り抜いたかのようであった。（中略）「北極港」などの種類は、緋色の中脈と紫がかった繊維の入った生肉色の葉、紫葡萄酒と血の汗をかく膨れあがった葉を、たった一枚だけ広げていた。[19]［『澁澤龍彦翻訳全集　7』。澁澤龍彦訳。河出書房新社］

歴史的に、商業的なカラジウムの生産はフロリダ州中央部のレークプラシッドに集中しており、

近年、とくにタイにおける育種によって、アグラオネマ属のような観葉植物が大きな変化を遂げた。

そこには約485ヘクタールのカラジウム生産地がある。夏にはこれらの畑はオランダのキューケンホフ公園の球根畑にたとえられる。蚊の多さときたら、オランダどころではないのだが。カラジウムの次の発展の舞台は、フロリダ州からタイに移る。タイでは新世代の育種家たちがみごとな新しい栽培品種を作り出している。王室庭園で栽培される特権を得たタイのカラジウムは、葉に光沢があり、黄色や深くつややかな赤といった鮮やかな色でみごとに繁茂している。これはタイの育種家が他の熱帯の観賞植物、たとえばアデニウム属（Adenium）、アグラオネマ属、ハナキリン（学名 *E. milii*）のようなマダガスカル原産のトウダイグサにかけた魔法と同じだ。

ポインセチア（学名 *Euphorbia pulcherrima*）は使い捨てにされる季節ものの観葉植物だ。数か月しか家に置かれず、花が終わると処分される。これは長くつき合う相手ではない。だが世界規模の取

ポインセチアは何百万もの家庭がクリスマスに用意する定番植物だが、2月以降も生き延びるものはほとんどない。

引では、もっとも重要な観葉植物のひとつだ。一般名のポインセチアは、合衆国の外交官でアマチュア植物学者だったジョエル・ロバーツ・ポインセット（1779～1851年）にちなんでつけられた。彼はメキシコ南部でこの植物に出会ったと言われる。[20] 1828年、ポインセットはメキシコの初代全権公使として、フィラデルフィアの科学者仲間とともにメキシコ全域を旅した。ポインセットの長年の友人ウィリアム・マクルーア、地質学者ウィリアム・キーティング、植物学者のバートラム一族のトマス・セイもそのメンバーだった。

ポインセットが帰国する前に、マクルーアがポインセチアをフィラデルフィアのバートラム植物園に持ち帰った可能性は大いにある。植物園を管理していたロバート・カー大佐は星型の花に目を留め、1829年6月、ペンシルヴェニア園芸協会の第1回フラワーショーに「鮮やかな赤い苞葉

ジョン・ルイス・チャイルズの秋期種苗カタログの裏表紙に描かれたポインセチア（1923年）。

を持つ新種のユーフォルビア、合衆国駐メキシコ公使ポインセット氏からバートラム・コレクションに寄贈された」という触れ込みで出品している。ポインセチアはフィラデルフィアからエディンバラの王立植物園に船で運ばれた。ポインセットの偉大な業績はほかにもあるが、必ずしも知られているとは限らない。彼は合衆国探検旅行（1838～42年）の計画に関与したほか、国立科学振興研究所、今日スミソニアン協会と呼ばれる組織の創設メンバーでもあった。

この植物の将来性を見抜いたポインセットは称賛されるべきだが、彼が発見したわけではない。アステカ人はクエトラソチトル（ポインセチア）を文化的に重要な植物とみなし、染料、化粧品、王宮や神殿の装飾に使っていた。植民地を旅行中の植物学者の目に留まるのは、おそらく当然のことだっただろう。実際、植民地時代のメキシコで、初期の偉大な植物学者たちは、美しい赤い苞葉にみな気づいていた。[21] フランシスコ・エルナンデス・デ・トレド（1515頃～87年）の写本には、クエトラソチトルが「非常に色鮮やかな木の葉」と記されている。高名な科学者マルティン・セセー・イ・ラカスタとホセ・マリアーノ・モシーニョ率いるヌエバ・エスパーニャ王立植物探検隊（1787～1803年）は最初の学術標本を採集し、ユーフォルビア・ファストゥオサ（Euphorbia fastuosa）という名で初めてヨーロッパに植物図を送った。1803年にはアレクサンダー・フォン・フンボルトとエメ・ボンプランがメキシコを訪れ、旅行中にユーフォルビア・コッキネア（E. coccinea）とユーフォルビア・ディベルシフォリア（E. diversifolia）という名でこの植物を採集している。1828年にはクリスティアン・ユリウス・ヴィルヘルム・シーデとフェルディナント・デッペが続いた。ポインセットが採集したのとほぼ同じ1833年に、カルヴィンスキーが生きた

メトロポリタン大聖堂外の広場を飾るポインセチア、メキシコシティ。

断片の標本をベルリンに送り、ヨハン・クロッチュがユーフォルビア・プルケリマ（E. pulcherrima）と命名した。今日私たちが使用している学名である。

この種はメキシコのキリスト教の図像に取り入れられ、クリスマスの頃に咲くので「クリスマスイブの花（la flor de Nochebuena）」となった。元々のアステカの儀式と新たなキリスト教の宗教的シンボルの橋渡しをしたわけだ。その結果、フランシスコ会の修道士はこの花をキリスト降誕祭で使うようになった。

野生のポインセチアは高さ4メートルほどのヤナギのような低木、または小木だ。今日の観葉植物は野生種の丈を縮めたもので、室内に適していて苞葉の色（先のとがっていない白いものもある）、鮮やかさ、質感はさまざまである。栽培化は導入されてから約1世紀後、園芸家のポール・エッケ・シニア（1895～1991年）が家業を引き継いだ際に始まった。1920年代、彼はこの亜熱帯の低木に観葉植物としての将来性を見出し、カリフォルニアで栽培を開始した。まずはハリウッドで、それからエンシニタスで。現在もエンシニタスのポール・エッケ農場はポインセチアの栽培を続けている。彼のマーケティング努力が功を奏し、ポインセチアは合衆国その他の地域でクリスマスのシンボルになった。

ポインセチアの栽培化が進んだ背景には、園芸に関する研究が進み生産が高度化したことによる一連の技術的躍進があった。[22]初期のポインセチアは弱く、色鮮やかな苞葉は短命で、葉も落ちやすかったが、それにもかかわらず人気の観葉植物となった。問題は、クリスマス商戦に合わせていかに植物の開花時期を調整するかだった。植物が昼夜の長さの変化に応じて成長する光周性という現象が発見された結果、種苗園は暗幕を使って夜の時間を長くすることで、作物の開花を同期できるようになった。１９５０年代半ばからは選抜育種に焦点が当てられた。その結果、ポインセチアの色合いや作物としての頑健さが向上し、とくに葉の老化を遅らせ、落葉を減らすことができるようになった。１９８０年代には、植物に無害なファイトプラズマという細菌を接ぎ木で感染させると、分枝が増え花がたくさん咲くことがわかった。また、剪定を工夫したり、成長調整剤を使って茎の長さを短くしたりすることで、効果的に植物の小型化が図れるようになった。さらに最近では、遺伝子操作によって病害への抵抗性を高めることも行われている。[23] 繁殖の様式も根本から変化している。20世紀初頭にはカリフォルニア、フロリダ、テキサスで屋外栽培され、根のついたまま輸送されて合衆国北東部の市場近くで挿し木を作るのに使われたが、現在では挿し木は南米の種苗園から空輸されている。

ポインセチアの野生個体群を遺伝分析した結果、メキシコ、ゲレロ州北部にあるタスコ周辺で最初にポインセットが採集した株の起源が確認された。さらに、既存の育種プログラムではこの種の全遺伝的多様性のほんの一部しか利用されていないということもわかった。つまり野生にはさらなる遺伝的多様性があり、新たなポインセチアの育種プログラムに組み込み可能だということになる。[24] これによってジョエル・ポインセットの遺産に対しメキシコが抱いてきた積年の恨みをはらすチャンスが訪れた。メキシコでは「ポインセティスモ（poinsettismo）」という形容詞は、メキシコに対する合衆国の傲慢と干渉を表す際に使われる。ポインセチアの新世代の栽培品種がメキシコの植物からメキシコの育種家によって作られてこそ、クエトラソチトルは故国に戻ったことになる。[25]

レンブラント・ピール『ゼラニウムを持つルーベンス・ピール』、1801年、油彩、カンヴァス。ルーベンスが手にしているのは、実はペラルゴニウム属（Pelargonium）である。ルーベンスとレンブラントの父、チャールズ・ウィルソン・ピールは合衆国最初の科学博物館を設立した。

2002年、合衆国はポインセットの命日である12月12日を全国ポインセチア・デーとし、ポインセットとポインセチアを記念する日と定めた。

西洋列強による探検が進むにつれ、植物を発見する新たなエリアが広がった。そのひとつが南アフリカのケープ地方である。地中海や北大西洋の島々の向こうにじつに多様な植物が存在することを西洋の科学者たちが知った、最初の辺境地域のひとつだ。この地は多くの有用な観葉植物の源であることが判明した。17世紀初頭にはケープ産の植物がオランダの庭園で見られるようになり、そこからヨーロッパ全域に広がった。初期にもたらされた植物のなかには観賞用の球根植物オオアマナ属（Ornithogalum）、ハエマンスス属（Haemanthus）、ネリネ属（Nerine）、オランダカイウ属（Zantedeschia）、ホンアマリリス（学名 *Amaryllis belladonna*）などがある。1630年代にはジョン・トラデスカント（父）が美しいペラルゴニウム・トリステ（学名 *Pelargonium triste*）を栽培し、ここからイギリス人の「ゼラニウム」熱が始まった。南アフリカの「ゼラニウム」は1789年にシャルル＝ルイ・レリティエ・ドゥ・ブリュテルによってペラルゴニウム属（テンジクアオイ属）に分類され、以後頑健なフウロソウ属（Geranium）と繊細なペラルゴニウム属（Pelargonium）が区別されることになった。これによって引き起こされた混乱は今も続いている。シャーリー・ヒバードの『素人園芸家の温室 *The Amateur's Greenhouse and Conservatory*』（1873年）にあるように。

もしすぐ近くに植物学者がいたら、この植物を「ペラルゴニウム」と呼んで自分の発言に責任を負えばよい。しかしもしそういった厳格で気難しい紳士がその場にいなければ、その植物を

オリヅルランの「ファイア・フラッシュ」。一般的なオリヅルランの華やかな近縁種。

「ゼラニウム」と呼んでも、幸運なことにすべての聞き手から例外なく理解されるだろう。[26]

有名な観葉植物のオリヅルラン（学名 *Chlorophytum comosum*）はアフリカ南部原産で、1794年、カール・ペーテル・ツンベルクによって発見された。これはおそらくもっとも広く栽培されているがあまり感動を与えない観葉植物のひとつだろう。その属名クロロフィトゥム（Chlorophytum）は単純に「緑の植物」という意味だ。しかしたまに謎めいた種、驚くような種が前触れもなく市場に現れることがある。その一例が驚くべきオレンジ色のオリヅルラン「ファイア・フラッシュ」だ（「驚くべき」という言葉と「オリヅルラン」が同じ文のなかで一緒に使われることはめったにない）。光沢のある葉と鮮やかなオレンジ色の葉柄と主脈が特徴で、非常に人気が高まっている。タイで栽培され、おそらく選別されたこの品種は、アフリカの野生種のひとつに起源がある。

ケープ地方からのもうひとつの贈り物、フリージアは、

カラジウムの葉の模様はエキゾチックであると同時に扇情的でもある。

色と香りを楽しむために昔から栽培されてきた。[27] 商品作物や観葉植物としてのフリージアの発展は、球根の専門家で育種家のマクシミリアン・ライヒトリン（1831〜1910年）にさかのぼる。彼は1870年代にパドヴァの植物園で見つけた黄色い花の咲く無名の植物を含む野生種の交配を開始した（彼はのちにこの株をフリージア・ライヒトリニイ〔*F. leichtlinii*〕と名づけた）。新しい色を採り入れるために、赤い花を咲かせる変種フリージア・コリンボサ（学名 *F. corymbosa*）が使われ、20世紀初頭にはオランダの種苗園、とくにファン・トゥベルゲンが新たな栽培品種数十種類を売り出している。

ケープ地方原産のゼラニウム（ペラルゴニウム属）とケープ・ヒース――エリカ属（*Erica*）――は、温室用の観賞植物および鉢植え植物として、18世紀・19世紀のヨーロッパで大人気を博した。ケープ・ヒース熱は1850年代には冷めたが、冬咲きの観葉植物として現在も、イギリスの育種家（数は

香りと色が人気のフリージアは、南アフリカの偉大な園芸遺産のひとつだ。

減っている）から入手できる。タマサンゴ（学名 *Solanum pseudocapsicum*）やカンガルーアイビー（学名 *Cissus antarctica*）やプリムラ・ケウエンシス（学名 *Primula × kewensis*）なども冬の装飾用に栽培されてきたが、今はあまり顧みられなくなった温室植物のひとつだ。

つつましやかな「ゼラニウム」は観葉植物として、またはハンギングバスケットの住人としてプライドを保ち続けている。[28] 物語はペラルゴニウム・トリステ（学名 *Pelargonium triste*）が17世紀にヨーロッパに到来し、のちにペラルゴニウム・ゾナレ（学名 *P. zonale*）とともに18世紀初頭にボーフォール公爵夫人に栽培されたことから始まる。ツタのような葉を持つアイビーゼラニウム（学名 *P. peltatum*）は18世紀初頭にはケープ地方からオランダのライデン経由で到着し、広く栽培されている。１８２０年代にはペラルゴニウムは庭植え、および鉢植え植物として定着し、ジェームズ・コルヴィルのロンドンの種苗

アフリカ南部原産のストレプトカルプスは、何世代にもわたり多くの野生種との交配を繰り返してきた。イラストレーション・ホルティコール誌38巻より（1891年）。

園が約500の栽培品種と交配種を取り扱った。コルヴィルの植物を使用したロバート・スウィート（1783〜1835年）は、イギリスの交配家のさきがけとして知られている。リーガルペラルゴニウムはペラルゴニウム・ククラトゥム（学名 *P. cucullatum*）とペラルゴニウム・グランディフロルム（学名 *P. grandiflorum*）の交配から生まれ、さらにロンドン、キングスロードのウィリアム・ブルといった育種家によって、ペラルゴニウム・フルギドゥム（学名 *P. fulgidum*）やペラルゴニウム・ベトゥリヌム（学名 *P. betulinum*）といった他の種がブレンドされた。

南アフリカ産の観葉植物で長年にわたり栽培されてきたものといえば、ストレプトカルプス属（Streptocarpus）がある。最近、この属はセントポーリアを含むまでに拡大された[29]。この愛らしい植物の育種には園芸界の巨人たちがかかわっている。人気を得て当然のこの観葉植物の改良に、彼らは150年にわたり取り組んできた。最初に栽培された種は、1826年、キュー王立植物園の採集人ジェームズ・ボウイによって南アフリカのクニスナからもたらされた。最初の商業的交配種はフランスの種苗園主ヴィクトワール・ルモワーヌによって作られ、1859年に売り出されている。イギリスではヴィーチ商会とキュー王立植物園の園芸家たち（とくにウィリアム・ワトソン）が新たな種の到来にひと役買っていた。キュー王立植物園園長ジョセフ・フッカーをはじめとする巨人たちは、この植物に夢中になった。交配作業はヴィーチのジョン・ヒールによって続けられた。ヒールはヴィーチの優秀な交配家のひとりで、ラン、アマリリス、冬咲きのベゴニア、シャクナゲの交配で知られていた。ヒールののち、仕事はケンブリッジ大学植物園のリチャード・リンチが続けた。1930年代、ジョン・イネス園芸研究所のW・J・C・ローレンスがふたつの重要な栽培品種、ストレプトカルプス「マートン・ジャイアント」とストレプトカルプス「コンスタント・ニンフ」を作った。後者は今日のすばらしい栽培品種の基になっている。のちにジョン・イネス園芸研究所ではX線による突然変異を利用して1年中花を咲かせる植物が作られるようになった。[30] ストレプトカルプスは他の多くの観葉植物と同様に、育種家たちが苦労を重ね、直感とその時代の最先端の科学を駆使して形作ったものだ。

　同じイワタバコ科でも、南米原産のグロキシニアは採集とその後の育種の歴史がまったく異なる。異種間交配で生まれたストレプトカルプスとは対照的に、グロキシニア（学名 *Sinningia speciosa*）は1815年以降にブラジルのリオデジャネイロ周辺の個体群から採集された。それ以後の多様な色

高評価を得ている観葉植物の多くは異種間交配で新たな栽培品種が作られているが、グロキシニア（学名 *Sinningia speciosa*）はブラジル南部の野生の個体群に由来している。ガルテンフローラ誌1巻（1852年1月）より。

や花の形は、この200年の間に元の個体群から生まれたものだ。[31]

今日信じられないような植物は簡単に入手できるし、エキゾチックに浸らせてくれるメディアにも簡単にアクセスできるため、こういった植物が初めて到来した際の大きな衝撃を想像するのは難しい。だが驚いたことに、絶え間ない変性を生き延びてきた種もあるのだ。それらはフロリダ、タイ、オランダ、カリフォルニアの種苗園で毎年数百万株が栽培され、今も私たちを魅了し続けている。ますますグローバル化する産業の一部であり、常に科学とともに進み、新しいものへの欲求を満足させてきたのだ。

第2章　怪物と美女　品種改良への道

植物が常に提供してきたもの、つまり人間にはない美しさ、独創性、ゆるやかさ、創造力といったものを求めて改良した方がよい……観賞用植物の育種における芸術は、キッチュなものによく見られるような素材の支配ではなく、素材に対する好奇心、驚き、愛情にある。[1]

ジョージ・ゲッセルト（２０１２年）

何千年にもわたり、人間は食物や繊維を得るために植物を改良してきた。私たちは遺伝的多様性を直感的に操作する。植物の育種に必要な遺伝メカニズムを知らないまま、代々の文明は今日私たちが食べている農作物を作り出してきたのだ。しかし、観葉植物の育種は事情が異なる。観葉植物の場合は花の数や大きさといった数値で測れるものも大切だが、育種家の目や、何が美しくて何が市場価値があるかについての個人的な解釈も大切になる。観葉植物産業は、人々が家に植物を置くことを好み、植物を定期的に買い足す傾向があるという事実の上に成り立っているからだ。

コチョウラン属（Phalaenopsis）の最初の人工交配種。ヴィーチ商会の天才育種家ジョン・セデンを記念して作られた。ジェームズ・H・ヴィーチ、『ヴィーチの庭園』（1906年）より。

フレイミング・ケイティ（学名 *Kalanchoe × blossfeldiana*）。マダガスカルの野生種数種から作られた交配種。

食用植物の育種は、これでいいのかと危ぶまれるほどわずかな作物の種を改良することに焦点が当てられている。その多くは何千年にもわたり食べられてきた農業遺産だ。対照的に、新たな観葉植物の育種は、何百もの種や何千もの栽培品種を実験することになる。古くから栽培されているダリア、シャクヤク、キクといった例外はあるものの、観葉植物の栽培の歴史は100年にも満たない。場合によっては数十年ということもある。バイオアーティスト［バイオアートは、バイオテクノロジーを使って人間と生物の関係を探究する芸術］のジョージ・ゲッセルトはこう述べている。「［植物の］栽培化の黄金期は遠い過去のことではない。それは今だ[2]」

観葉植物の栽培化とは、もとは野生にあったものを採集し、家のなかの環境に耐えられるように、また効率よく繁殖させ、できるだけ枯れることなく輸送できるように、そして消費者の目を引くように、植物の生理機能と形態を修正することだ。そう考えると、栽培化は営利事業であると同時に芸術的努力を継続させることであり、そこから新しい生きたパフォーマンス作品が生まれる。ユイスマンスの小説『さかしま』［澁澤龍彦訳。河出書房新社。1997年］（1884年）に登場するジャン・デ・ゼッサントは貴族で熱帯植物を収集している。彼はこう話す。「昨今では、庭師が唯一かつ本物の芸術家だ」。1936年7月、高名な写真家で園芸家で育種家でもあるエドワード・スタイケンがニューヨーク近代美術館でデルフィニウムの交配種を展示したが、これは園芸の展示会ではなくインスタレーション［現代美術の手法のひとつ。場所や空間全体を作品として体験させる芸術］の展示だった。[3] 新たな観葉植物の育種と選別は、彫刻や絵画と同じように芸術的な取り組みであり、あらゆる芸術に言えることだが、美は見る人次第なのだ。園芸は長い時間をかけて行われるものだが、芸能のなかでもっとも洗練されたもののひとつだと言えよう。

観葉植物の育種は魅力的な、ときには厄介な作業だが、芸術、倫理、商売が重なり合う豊かな領域であることは間違いない。何世紀もの間、育種に倫理的なジレンマはついてまわった。ロンドンの種苗園主で『都市の庭師』（1722年）の著者でもあるトマス・フェアチャイルドは、育種家のパイオニアとして観賞植物を計画的に作り上げたおそらく最初の人物だ。[4] 彼は人気の観賞植物であるアメリカナデシコ（学名 *Dianthus barbatus*）とカーネーション（学名 *D. caryophyllus*）を掛け合わせ、フェアチャイルドの「ミュール」と呼ばれる交配植物を誕生させた。彼はこの植物を1720年に王立協会に提出している。ふたつの種を掛け合わせるという行為は現代ならば何の問題もなく、論争が起きたことは理解しがたい。しかし当時の宗教は種の不変性という教え、すなわ

栽培品種サイントパウリア・イオナンタ（学名 *Saintpaulia ionantha*）の祖先。タンザニア、ウサンバラ山地に生息する。

ちそれぞれの種は天地創造の際に作られた不変の存在なのだと説いていた。[5] フェアチャイルドは新たな植物の交配が可能だということを実証したが、自分の魂が危険にさらされているのではないかと恐れた。

農民ははるか昔から、赤みの濃いリンゴやふっくらした穀類が自然な突然変異でできることに気づいており、それを利用してはいた。しかし新しい植物をごく当たり前に作り出す手段として交配を開始したのは、18世紀の先駆者たちである。[6] ヨーゼフ・ゴットリーブ・ケールロイター（1733～1806年）は交配によってより上質でより大きな植物を作れると考え、ナデシコ属（Dianthus）と他の丈夫な園芸植物の交配を開始した。あとに続いたのがカール・フリードリヒ・フォン・ゲルトナー（1772～1850年）である。彼は25年にわたり1万回以上の交配実験を繰り返した。イギリスではトマス・アンドルー・ナイト（1759～1838年）とウィリアム・ハーバート（1778～1847年）が実験的な交配を開始した。ハーバートはイギリス国教会の上級メンバーだったため、交配に関する宗教論争を鎮めるのに便利だった。

しかし1899年になっても人為的な交配についての議論は続いていた。植物学者で分類学者のマクスウェル・T・マスターズはその年、交配と交雑育種に関する国際会議で講演し、交配は「自然の法への神をも恐れぬ干渉だ」と心配する人々に、ほかならぬウィリアム・ハーバートその人がラッパズイセンの交配を行ったと諭し、交配種を作ることの神学的なリスクについての不安を解消しようとした。彼はまた、ロンドンの種苗園主がケープ・ヒースの交配種を作っていながら野生種と称して売っているのは、「神経過敏な信者」の怒りを買いたくないからだとも述べている。[7]

ハーバートは現在人気のあるヒッペアストルム属（Hippeastrum）の観葉植物アマリリスの栽培と研究にきわめて重要な役割を果たした。彼は南アフリカのホンアマリリス（学名 *Amaryllis belladonna*）を南米のアマリリスと交配できなかったとし、南米のアマリリスはヒッペアストルム属に属するとのちに記している。[8] ヒッペアストルム属の最初の交配種は、アーサー・ジョンソンによって作られた。有能な育種家というよりもランカシャー出身の時計職人と説明されることが多い。彼は1799年にジャガタラスイセン（学名 *H. reginae*）とベニスジサンジコ（学名 *H. vittatum*）をかけ合わせて、ジョンソニー（学名 *H.* × *johnsonii*）を作った。[9] ジョンソンの交配から約220年経過し、花の大きさや形、色、香りも非常にさまざまなヒッペアストルム属の栽培品種が生み出されている。歴代のアマチュア育種家、科学者、商業育種家は、多くの重要な機会を活用した。[10] 野生のアマリリスは異系交配が可能であると同時に花の形や色が多様で、標高の異なる生息地など地理的範囲も広いため（ブラジル、ペルー、アルゼンチン、ボリビア）、交配の材料には不自由しなかった。さらに、球根は南米からヨーロッパに容易に運ぶことができた。これにより19世紀以降の育種家は、育種計画に野生の遺伝的多様性を取り入れることができた。また、これと同時にヨーロッパでは温室園芸が広がり、ヴィーチのような種苗園も私有地の地主も、多くの新たな栽培品種を育種できるようになった。野生種は早くから（1690年代以降から）栽培されて人気を集めていたため、栽培法は知られていた。今日ヒッペアストルム属はオランダ、南アフリカ、日本、ブラジル、合衆国など世界中で育種され、その作業は大学の研究チーム（フロリダ大学など）や政府機関（ブラジル、カンピナスの農業研究所や合衆国農務省など）や、日本の三宅花卉園《みやけかきえん》、オランダのペニング、南アフリカのハデコといった企業によって進められている。

19世紀の大種苗園は何よりもまず、世界中から集められた驚くほど大量の新しい植物を取り込む収集施設だった。仲買人やコレクターの注目を集める植物が、幸運にも夢のようにあれこれと押し寄せるのだ。素材となる植物が種苗園に到着するや選別作業が始まったのは容易に想像できる。現地調査の記録やスケッチを精査し、採集人への聞き取りを行い、発芽に必要な条件、生育条件、育種の機会、潜在市場を見積もり、計画を立て始めたことだろう。種子が手渡され——その植物への期待度によって担当者が選定されただろう（ぱっとしない植物は見習いに任される）——種子を入れた皿は最初の芽が出るまで心配顔で観察された。すでに育種家は大望に胸をふくらませ、販売会社のカタログの表紙に掲載されたり、あるいは一流の花の展示会でメダルを獲得したりするさまを想像していただろう。

輸入された植物の素材のいくつかは、原産地の栽培者が何世代にもわたって鋭い目を注いできた成果だ。たとえば、ポインセチアはおそらく原産地のアステカの採集者が何らかの改良を加えただろうし、ベルギーアザレアにはアジアでの長い栽培化の歴史がある。また、ヴィーチがドラセナとして販売しているセンネンボクのいくつかは、おそらくポリネシアの栽培者によって選別されたものだ。

種子が発芽したり、挿し木が根づいたりした時点で、植物は栽培者に渡されただろう。注意深い目で成長を観察し、開花した時間、花の大きさと色を記録する。なかにはプラントハンターの疑わし気なつぶやきとともに廃棄されたものもあっただろうし、逆に改良向けとマークされたものもあっただろう。有望な株は人目につかない鍵のかかった温室に移され、こそこそかぎまわる競争相手から遠ざけられる。苗も挿し木も改良された点があるかどうか、栽培品種名に値する新たな変異種かどうかを詳しく調べられる。毎回苗が育てられるたびに遺伝子のサイコロが転がされ、新たな変異種が生まれる。挿し木から繰り返し繁殖させることでランダムな体細胞変異が起こる機会が生じ、しばしば斑入りの植物になる。こういった変異が起きると市場に出すことができる。利益と名声を得るために、季節ごとのカタログにはつねに目新しい植物が必要だった。

育種家は新たな植物をどのように改良するのが一番効果的かを考える。たとえば、ひとつの色を強調するのがよいか、節間を短くするのがよいか、それとも香りを強くするのがよいか。種子の集団内あるいは同じ種のなかで選別したものを交配するのに集中するか、あるいは他種間、他属間で交配するか。交配は必ずしも容易ではないし、育種家は育種生物学を理解しなければならない。この植物は自家受精しないのか、柱頭が受精可能になるのはいつか、受粉の成功は温度や湿度に関係あるのか、などだ。

ヴィーチの交配家たちは、プラントハンターのネットワークから送られてきた素材に取り組んだ。原産地からでなくても、個人のコレクションや植物園の管理者と接触して素材となる植物を交換できる場合があり、育種場にはコンスタントに素材が入ってきた。こういったことは現在も行われており、株と技術をやりとりするアマチュアとプロの育種家の私的なネットワークが存在する。ヴィーチの育種家たちは有望な植物を見分ける眼力を持っていて、新しい異国の植物が次々と栽培用に到来するのを明らかに喜んでいた。ヴィーチのジョン・セデン（１８４０～１９２１年）は新たなランの交配種（彼の一番の功績である）や、温室植物の新たな交配種を数多く作り出した。今も観葉植物として人気がある、カラジウム属（Caladium）、アロカシア属（Alocasia）、ヒッペアストルム属、オオイワギリソウ属（Gloxinia）、ベゴニア属（Begonia）、エケベリア属（Echeveria）などだ[11]。

セデンの植物育種に対する認識は、今日行われている育種にも通じるものだった。鋭い眼力を養い、植物学を直感で理解し、理想的な成果に向けて働く。だが彼の時代には、今日利用されている先端科学やグローバルなビジネス、そして加速するＤＮＡ革命はなかった。彼ならば、商業栽培者、研究者、アマチュア園芸家が関心を集中させるのに最適な場所があることを非常に喜んだだろう。たとえば、フロリダ南部が熱帯のサトイモ科とアナナス科の育種・開発の中心地となったのは偶然

サハラ砂漠以南を原産地とし、現在世界中で栽培されているチトセラン属は、観葉植物として世界中で愛されているが、モーリシャスやハワイやフロリダでは侵略的な雑草として嫌悪されている。

ではない。

比較的少数ではあるが、何十年にもわたり科学的育種に大規模かつ持続的な投資が行われてきた種もある。ポインセチアやセントポーリアといった観葉植物の開発には、研究機関や大学が重要な役割を果たしてきた。合衆国の大学は新たな観葉植物育種の重要な拠点となっており、たとえばハワイ大学では、1950年代に先駆者であるカメモト・ハルユキ氏がアンスリウム属（Anthurium）の育種を行っている（ハワイにおけるアンスリウム属の歴史は長く、ピンク、赤、白の最初の3株のアンスリウムは1889年にサミュエル・ミルズ・デイモン2世によって持ち込まれた）。また、フロリダ大学はサトイモ科やヤシ科といった熱帯の観葉植物を数十年にわたり研究し、合衆国の観葉植物取引を支える重要な役割を果たしている。

観葉植物の育種にはさまざまなアプローチが

ある。一番簡単なのは現存する栽培品種から目的に合う株を選別することだ。たとえばチトセラン属（Sansevieria、英語では「姑の舌」、あるいはスネークプラントと呼ぶ）は、繊維を商用生産するための試験が、1900年代初頭からフロリダとハワイで農務省などによって行われた。こういった試験栽培で鋭い鑑識眼を持つ園芸家たちが、その後品種名を与えられ観葉植物市場に出すことのできる「品質のよい」株の見当をつける。たとえばサンセベリア・ココ（学名 *S.* *'Koko'*）やサンセベリア・アルヴァ（学名 *S.* *'Alva'*）はホノルル近くのココクレーターでの試験栽培から選別された。インドゴムノキ（学名 *Ficus elastica*）は、そのゴムのような樹液が商取引され、20世紀半ばに観葉植物になるまでは植物園でよく見られる植物のひとつだった。[12]

新たな栽培種が大量の挿し木のなかから自然発生的な変異体として選別される場合も多い。チトセラン属と近縁関係にあるドラセナ属（Dracaena）は長い歴史を持つ観葉植物で、丈夫で日照不足にも強く、大きな茎を挿し木にすれば簡単に成長するが、新たな栽培品種の大多数は変異種に由来している。たとえば西アフリカ原産のドラセナ・フラグランス（学名 *D. fragrans*）から「カンジ」、「ジェレ」、「レモンサプライズ」、「ゴールデン・コースト」、「ホワイト・ジュエル」、「ジャネット・クレイグ・ゴメジー」が生まれた。[13] イチジク属も同様で、たとえばベンジャミン（学名 *Ficus benjamina*）はインドから中国南部に野生分布している。栽培品種の「インディゴ」と「ミッドナイト」はベンジャミン・エキゾチカ（学名 *F. benjamina 'Exotica'*）の変異種だ。[14] しかしなかにはとても安定していて、百万回挿し木しても新たな商業栽培品種を得られない種もある。有名なのはハート型の葉が人気のフィロデンドロン・スカンデンス（学名 *Philodendron scandens*）だ。

世界でもっとも人気のある観葉植物のひとつ、ドラセナ・フラグランス。イラストレーション・ホルティコール誌27巻（1880年）より。

ヴィクトリア時代からの人気の観葉植物で１８７０年に初めて交配種が作られたディフェンバキア属（Dieffenbachia）では、交配や、マイクロプロパゲーション（培養による大量増殖）から引き起こされる新しい変異（体細胞変異）によって、現在も新しい栽培品種が作られている。[15] 特許を取得した多くの栽培品種は、自然発生的な突然変異から選別された。たとえば「トロピック・スノー」はディフェンバキア・アモエナ（学名 *D. amoena*）の変異種だし、「トロピック・スノー」と「マロバ」は「トロピック・スノー」の変異種だ。フロリダ大学は「トライアンフ」、「ヴィクトリー」、「トロピック・スター」、「スターリー・ナイツ」、「スター・ホワイト」、「スター・ブライト」、「スパークルズ」、「トロピック・ハニー」、「スターリング」といったさまざまな異種間の交配種を作っている。

育種家は同属の種同士で交配して、近縁種に見られる望ましい特徴を得る。たとえば鉢植えのシクラメン（学名 *Cyclamen persicum*）と野生のシクラメン・プルプラセンス（学名 *C. purpurascens*）の交配で、香りのよい栽培品種が作られた。しかし自然界に存在しない黄色い花のシクラメンを作るには、イオンビーム照射といった新しい技術が必要だ。[16]

多肉植物はその魅力的な形と生理的なストレスに強いことで人気の観葉植物だ。入手しやすいもののひとつに、「ヒボタン」あるいは「ムーンカクタス」という名のサボテンがある。これはふたつの植物を接ぎ木したもので、緑色の台木に鮮やかなオレンジや黄色の球形のサボテンが載っている。接ぎ穂（上部）は光合成組織を持たないギムノカリキウム属（Gymnocalycium）の変異種、台木（茎部）は登攀性《とうはんせい》のヒモサボテン属（Hylocereus）の挿し木がよく使われる。[17] この怪しげな植物が毎年世界中で約１０００万株売られているとは驚く。その多くは韓国の種苗園で作られている。

現在のディフェンバキア属の栽培品種は、交配と、誘導性の体細胞変異によって生まれた。イラストレーション・ホルティコール誌30巻（1883年）より。

輝くオレンジや黄色の球が短い緑の茎に載った「ヒボタン」または「ムーンカクタス」と呼ばれるサボテンは、ふたつの種からなる。ギムノカリキウム属の光合成のできない変異種を、つる性のヒモサボテン属の台木に接ぎ木したものだ。

最近人気が復活した多肉植物はエケベリア属だ。昔から花壇に敷き詰めたり花時計にしたりして使われてきたが、今では観葉植物として人気がある。エケベリア属は約140の種からなるが、すべてテキサス州以南からアルゼンチンまでの南北アメリカ原産である。もっとも多様な種が自生しているのはメキシコ南部の山岳地帯だ。育種家は新たな交配種を生み出すために種同士を掛け合わせるとともに、エケベリア属を同じベンケイソウ科の異なる属とかけ合わせてもいる[18]。その結果、×グラプトフィトゥム属(Graptophytum)(グラプトペタルム属〔Graptopetalum〕とエケベリア属の交配)、×パキベリア属(Pachyveria)(パキフィトゥム属(Pachyphytum)とエケベリア属の交配)、×セデベリア属(Sedeveria)(セドゥム属(Sedum)とエケベリア属の交配)が生まれた。さらに複雑な特徴を加えるための戻し交配も可能で、×セデベリア属をエケベリア属と交配させることもできる。

驚くほど複雑な交配種はランの交配家によって生み出されている。たとえばポティナラ属（Potinara）は人為的な交配によって生まれた新しい属で、ブラサボラ属（Brassavola）、カトレヤ属（Cattleya）、レリア属（Laelia）、ソフロニティス属（Sophronitis）という4属間の交配によって生まれた。

タンザニアで採集されたサイントパウリア・イオナンタ（学名 *Saintpaulia ionantha*）の原種は、現在も栽培化の基盤であり、試験栽培が進行中だ。集約的に育種されてきた多くの観葉植物と同じく、その歴史は個々の育種家、科学研究チーム、新たな育種技術の利用、新しいものに対する市場の要求によって培われてきた。人気の高いセントポーリアは、120年の間に育種家の手でもとの野生種とはまったく異なる姿に変化し、何千という栽培種となって大量生産されている。それぞれの花の作りや色、葉の形や生育パターンもさまざまだ。セントポーリアは最初は1884年にジョン・カークが、続いて1887年にW・E・テイラー師が採集したが、このときには新たな属とは認識されなかった。1891年、ドイツの植民地行政官ヴァルター・フォン・セントポール＝イレール男爵（1860～1940年）がタンザニア（当時のドイツ領東アフリカ）のウサンバラ山地で採集した種子は、父親のホフマーシャル男爵ウルリヒによって、彼は1892年にハノーファーのヘレンハウゼン王宮庭園の有名な植物学者ヘルマン・ヴェンドランドに送られた。これらの植物は1893年にヘントで開催された国際園芸博覧会にウサンバラスミレという商品名で出品された。セントポーリアが園芸界に公開されたのはこれが初めてである。タンザニアやケニア南部の石灰岩の丘や人里離れた山地からやってきたこの美しい岩生植物は、究極の観葉植物となる軌道に乗り、何百万という台所の窓台で栽培され、姿や性質や価値が大きく変えられることになった。この植物は種子でも無性生殖（葉挿しなど）でも簡単に殖やすことができ、すぐに花が咲くので、育種の結果が出るのが早く、育てた植物の評価も迅速にできる。重要なのは、アマチュアと専門家の両方が近代的な植物の発展に大きな役割を果たしている点だ。

育種はサイントパウリア・イオナンタ同士の交配から始まった。大きな種子を育て、そこから前途有望な株を選ぶ。ヘントでのデビューからほどなくして、セントポーリアは合衆国に輸出されるようになった。ニューヨークの花屋で球根販売業者でもあるジョージ・スタンプが、1893年から94年にドイツからこの植物を輸入したのである。それを今度は20世紀初頭、フィラデルフィアの栽培業者ロジャー・ピーターソンに供給したようだ。しかし新たな栽培種の育種は、ロサンゼルスのアーマコスト・アンド・ロイストン種苗園がドイツとイギリスから取り寄せた種子から「オリジナル10クロス」を育て、1936年に選り抜きの10品種として発表したことが大きなきっかけとなっている。10年後の1946年11月、セントポーリアの展示会がジョージア州アトランタで初めて開かれ、11の州から200人の出品者が参加し、31の栽培種が展示された。以来セントポーリア熱は世界中に広がり、中国、ウクライナ、ポーランド、韓国、日本、ロシアの育種家と愛好家がその究極の美しさを追い求めている。合衆国の商用作物である最初の10の交配種が、冷戦時代に東側諸国の窓台を征服したと思うと興味深い。現在、最先端のセントポーリアはロシアとウクライナのアマチュア育種家によって作られ、緑と黄色の花や、さまざまな色の縁がフリルになった花など、鮮や

おそらくセントポーリアは、栽培化によってもっとも変化した観葉植物だと言えよう。

かな色の花を大量に咲かせる品種を作り出している。

1950年代のセントポーリア育種の「冷戦期」には、一連の新たな技術が利用された。[19]植物はガラス器のなかで栽培された。つまり滅菌したガラス容器の滅菌した寒天培地で育て、さまざまな化学的処理を施してランダムな変異を起こし、新種を作ったのである。コルヒチンやカフェインといった自然の突然変異誘発物質が使われた。化学的な突然変異生成（たとえばエチルメタンスルホン酸の使用など）も、通常はコルヒチンや放射線と組み合わせて利用された。コルヒチンは倍数体（染色体の数が通常の数倍あるもの）を作るのに使われ、それによりしばしば生育形態の変化した植物が生まれた。たとえば小さな葉を持つ卓上向けの矮性植物といったものだ。斑入りの変異種も組織培養した植物から作られた。

こういった初期の育種は数で勝負するパターンが多かった。どのような変異が起こるかを予測するのは難しい。さらに、生き延びた変異株のうち新たな特性を維持できるほど安定していて、引き続き新たな育種素材として使えるものはほんのわずかだ。そこで1950年代から60年代にかけて、最新の核技術を使って新たな栽培品種を育てることへの関心が高まった。バーピー・シード・カンパニーはコルヒチンを使ってマリーゴールドの改良を行っていた（1940年のテトラ・マリーゴールド）が、その先駆的な仕事に続いて、一年草のヒャクニチソウ属（Zinnia）の改良に意欲的に取り組んだ。種子にX線が照射されたが、効果はなかった。それからヒャクニチソウ畑に放射性リンを施肥し、さらにコルヒチンを噴霧した。当然のことながら新たな変異が生まれた——影響を受けたのは植物だけであってほしいものだが。[20]「原子の庭」は合衆国の花の展示会にも出品され、セントポーリアをはじめ、放射能で改良された観葉植物、花、野菜が展示された。さらに「原子の種子」と「原子エネルギーで活性化した鉢植えの土」も販売された。[21]

分子テクノロジーの発展に伴い、育種家はセントポーリアの遺伝的特徴や、花の成長や全般的な形態に影響を与えるメカニズムについて深く理解するようになった。セントポーリアの遺伝子組換え初期には、根瘤線虫《ねこぶせんちゅう》への抵抗力を高めるために行われたものもある。アグロバクテリウム（Agrobacterium）というバクテリアを使って、標的となる植物に特定の遺伝子を移動させるというものだ。だがCRISPRと呼ばれるゲノム編集技術の登場により、植物のなかにもともと存在する特定の遺伝子を正確に狙って「編集」し、外来の遺伝物質を取り入れずに植物を改良することが今では可能になった。

観葉植物としてランが栽培化されたため、富裕層でなければ手の届かなかった高価な異国の産物が、台所の窓辺で育つ手頃な価格の品に変わった。上流階級の道楽がスーパーで買える商品に変わったという点では、パイナップルが入手しやすくなったことにも匹敵する。かつては高価な贅沢品だったのに今では缶詰や冷凍食品になって、変わらず愛されてはいるものの、いくぶん神秘的な雰囲気が損なわれた。

熱帯アジア原産のコチョウラン属（Phalaenopsis）は、新たな観葉植物を生み出す栽培化プロセスの好例だ。ジェームズ・ヴィーチは著書『ラン科植物便覧 *Manual of Orchidaceous Plants*』（１８９４年）のなかでこう述べている。「コチョウラン属の育種は……園芸家が解決を求められているもっとも困難な栽培の課題のひとつだった」。[22]しかしコチョウランは美しい植物であり、ランの育種家

観葉植物は社会活動やコンテストの中心的存在だった。写真は1949年に合衆国で開催されたセントポーリアの展示会。

1950年代、育種家は放射線を照射して突然変異を起こし、誕生した植物を「原子力で活性化されている」と宣伝した。

は難題に立ち向かった。[23]

ヴィーチ商会は世界初のランの交配種を1853年に作り、その結果生まれたユウヅルエビネ（学名 *Calanthe × dominii*）は1856年に花をつけた。このあとにカトレヤ属の交配種が1859年に開花し、パフィオペディルム属（Paphiopedilum）の交配種が1869年に開花している。コチョウラン属の最初の交配種はヴィーチ商会の魔術師ジョン・セデンがファレノプシス・アマビリス（学名 *P. amabilis*）とファレノプシス・エクエストリス（学名 *P. equestris*）を掛け合わせて作り出した。種子からのラン栽培は成功が保証されていないため、危険な企てだった。1875年の交配後にできた1本の苗は成長し、1886年に花を咲かせた。これで道が開け、セデンはすぐに次の交配種作りに取り掛かり、1900年までにさらに13の交配種を育て開花させた。種の交配が可能であることが認められ、交配家がその芸術的才能を商売に生かす準備が整った。しかし種子からランを育てて開花させることは難しく、商業規模での導入はできなかった。ランの種子はシダの繊維などの上に蒔いたが、発芽が遅いうえ不安定だったのだ。

ランの種子と菌類の関係は、1909年にフランスの植物学者ノエル・ベルナールとドイツのハンス・ブルゲフによって同時に解明された。彼らはランの種子の発芽を土壌中の菌が助けることを発見したのだった。この共生関係の発見を商用に取り入れたのが、コレクターで種苗園主のジョセフ・チャールズワース（1851頃〜1920年）と菌類学者ジョン・ラムズボトム（1885〜1974年）である。彼らは共同で試験管内増殖（滅菌したピートに菌を植えつけ、ガラス瓶のなかで成長させる）という画期的なシステムを考案し、苗の生存率を向上させた。実際には、こ

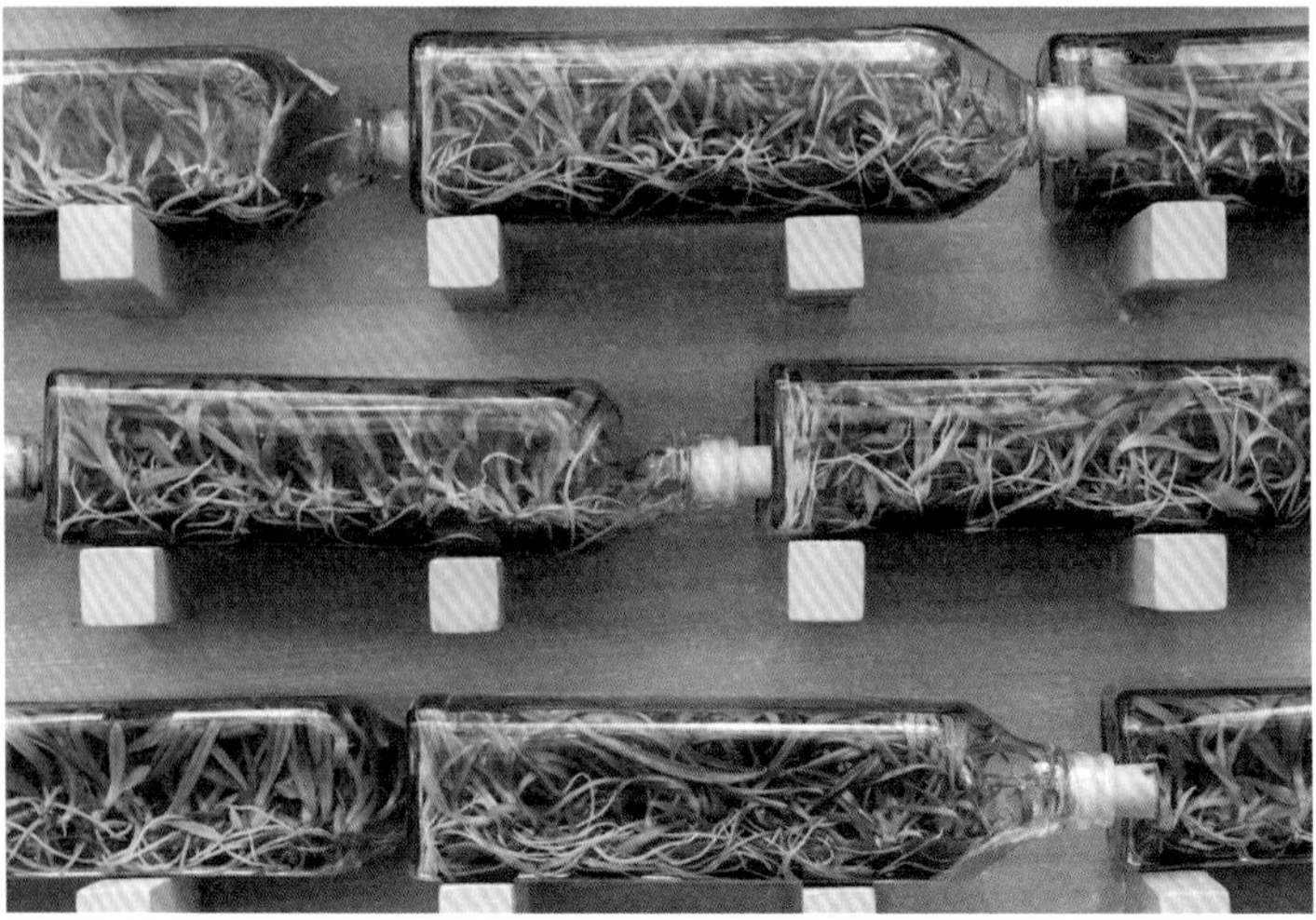

ランを商用に繁殖させるための試験管内増殖の開発によってランの商用繁殖が可能になり、贅沢品のランはスーパーマーケットで購入できる商品に変わった。

れはバイオテクノロジーの進化における初期段階で、滅菌した実験室という条件下で植物を商業生産する初期の段階だった。

１９２０年代、コーネル大学のルイス・クヌードソンは共生関係にある菌の代わりに、ランの苗に栄養を与える塩分と糖分を混ぜた寒天（有名なクヌードソンC培地）を使うことに成功した。この新たな方法によって苗の生存率は劇的に向上し、苗の商業生産は再び急増した。この画期的な発明で何千もの交配種を育種できるようになったが、その一方で、個々の植物の複製、とくに種子から選別された評価の高いクローンの複製が課題となっていた。１９４９年、クヌードソンの同僚であるガヴィーノ・ローターが組織培養によってコチョウラン属のクローン植物を育てることに成功した。彼はランの花序の小片を使って数百のクローン複製を作ったのである。今日では何百万という植物がこのマイクロプロパゲーションと呼ばれる方法

ローラ・ハート、『ファレノプシス・ヴァイオレット・アパルーサ』、2018年、ガラス。

で作られている。

交配家は家庭向けの新しいコチョウラン属の交配種を作り育てていたが、そのためには商業的に最良の生育状態を作り上げること、そして植物の生理を理解することが必須だった。これは国際的な取り組みで、世界中の大学が1960年代以降研究に着手した。中心となったのは合衆国の農務省、フロリダ大学、コーネル大学、テキサス農工大学、日本の大阪大学、宮崎大学、名古屋大学、日本大学、千葉大学、イスラエルのヘブライ大学である。コチョウラン属は観葉植物として大成功を収め、さまざまな大きさの株（ミニチュアサイズのものもある）、色、そしてとりわけ一般家庭で育て花を咲かせることのできるランが提供されている。コチョウラン属の生産は今では世界的に行われている。合衆国の育種家が育てた新しい交配種がその生産過程で多くのパートナーとかかわることも考えられる。日本でマイクロプロパゲーションが行われ、中国で株が増産され、オランダで試験管内増殖が行われ、最終的に開花した株となって合衆国に戻ってきて販売される。この美しい植物は、ヴィーチのジョン・セデンに初めて交配されて以来、長い道のりを経て現在に至っているのだ。

長きにわたり、観葉植物の育種は素材となる植物を原産国から移動させ、海外の育種家が所有権を確立するという形で行われてきた。その結果、フィロデンドロン属やサイントパウリア属の栽培品種がそれぞれブラジルやタンザニアから採集した野生種に由来していても、法的手続きによって育種家の商業的利益が保護されることになり、新たな栽培品種は合衆国やオランダの企業のものとなる。たとえば合衆国では１９３０年の植物特許法によって、新たな観葉植物の特許が数多く取得されている。ここにジレンマが生じる。私たちの家に並んでいるのは熱帯由来の植物だ。場合によっては古代文化の遺産とも言えよう。それなのに私たちはヨーロッパやアメリカの育種家が行った投資に商業的価値を見出しているのだ。このビジネスモデルでは文化的遺産は考慮されないし、商業種の野生個体群生息地の保護も考慮されない。たとえば、ヨーロッパや北米でセントポーリアが栽培され販売されても、タンザニアは何の報酬も得られない。

近代の観葉植物育種への投資の波は19世紀ヨーロッパで始まり、合衆国（カリフォルニアとフロリダ）に伝わり、今ではアジア（タイ、中国、韓国、日本）に定着している。タイの植物市場を訪れれば、新たな育種の規模と範囲がどれほどのものか、驚くほどよくわかる。新たな育種家ひとりひとりが革新的な工夫と創造的な想像力によって栽培化のプロセスをより改善していることが明確にわかるのだ。私たちはメキシコがポインセチアを取り戻したことを知っている。今後、コロンビアや南アフリカのような国々、つまり育種家が自国の園芸や植物の資源を用いて国や地域の消費者のために観葉植物を栽培している国々から、新しい波が起こることを期待したい。

第3章 健康、幸福、相利共生

植物はぼんやりしているように見える。長い間耳も聞こえず、トランス状態で夢のなかにいるように思えるのだ。彼らに五感はないが、自分のなかに閉じこもっているわけではけっしてない。植物ほど自分を取り巻く世界に密着している存在はほかにない……彼らは出会うものすべて、世界のすべてに参加しているのだ。[1]

エマヌエーレ・コッチャ（２０１９年）

観葉植物は家のなかで一見受動的な存在に思えるかもしれない。だが実際は、私たちや生活空間の生態環境とかかわりあう生き物だ。今では世界の人口の半分以上が都市で暮らし、２０５０年には7割近くが都市環境で暮らすと予測されている。[2] 居住地は大きく広がっている。たとえばマンハッタンの表面積は59平方キロで、その屋内面積（床面積）は１７２平方キロにおよぶ。[3] これが私たちが暮らすスペースだ（私たちは１日の約8割を屋内で過ごしているので）。そこで私たちは働き、くつろぎ、観葉植物を育てる。私たちの家は、私たちにとっても同居する他のさまざまな生物にとっ

ただのオリヅルランではなく、共生する生命体からなる小さな生態系だ。

ても、新しいエコロジープロセスを持つ進化していく生息地なのだ。こういった生物のなかには、私たちが積極的に選び大切にするものもあれば、招かざる移住者もある。

人と観葉植物の共生は複雑でより親密な段階に入っている。私たちの家は滅菌されていないし、密閉されてもいない。室内と外界の間を生物が行き来する。このなかには意図された行き来もある。ペットや植物や発酵食品や他の人間は、自宅に意図的に迎え入れている生物だ。さらに開け放った窓や空調システム、水道から、または植物やペットや私たち自身に付着して入り込んでくる生物もいる。

同居する生物は数千、ひょっとしたら数十万にのぼるかもしれない。ノースカロライナ州の住宅を調査したところ、生命体の3大ドメインの代表格である真核生物（昆虫、植物、菌類はここに含まれる）と8000以上のバクテリア、驚くほど多様な古細菌が見つかったという。[4] こういった調査のほとんどは、洗濯機や給湯システムといった極端な環境、または台所やトイレといった潜在的に「繁殖力の高い」場所に生息する生命体の調査に重点が置かれるが、室内の生物群系における観葉植物の役割は驚くほど研究されていない。私たちは多くの時間を室内で過ごすため、自然の屋外環境で見られる多様な微生物に触れる機会が少なくなってしまっている。この大きな変化は私たちが機能的な成熟した微生物叢《びせいぶつそう》［特定の環境に生息する多種多様な微生物の集合体。人体では消化管など］を獲得する能力を混乱させ、さまざまな自己免疫疾患やアレルギーを引き起こす原因となっている。

土に植えられて育つ生きた観葉植物は室内の生物多様性のホットスポットで、カーペットやタイルや漆喰という太平洋の小さなガラパゴスだと言えるかもしれない。観葉植物の葉の上には、菌類

観葉植物のためのコンサート、エウヘニオ・アンプディアによるインスタレーション。
スペイン、バルセロナ、リセウ大劇場、2020年。

やバクテリアが膜のようになって生息している（葉圏《ようけん》）し、植物組織にはウイルスが、土や堆肥中には菌類や古細菌、バクテリアがすみ（根圏《こんけん》）、肉眼で見える生物相、アブラムシ、ハダニやコナカイガラムシが存在する。非常に近代的で明らかに衛生的な種苗園から来た観葉植物でさえ、たんなる植物ではなく複雑な生物系なのだ。人間と同じく、観葉植物は包括的な生物であり、植物の物理的構造とゲノムは多種多様な同居者に包まれている。[5]

観葉植物の種類によってバクテリアの多様性は異なる。研究者は、こういった小さな生態系が多様性を高め空気中の微生物をろ過することによって、室内の微生物叢全体に影響を与える可能性があると示唆している。汎存するオリヅルラン（学名 *Chlorophytum comosum*）の微生物叢を調べたところ、植物の微生物叢が住居環境にも広がっており、人間や他の植物の微生物叢と影響し合っているであろうことがわかった。[6] 潜在的に、私たちは観葉植物を微生物の生物多様性や有益な微生物の源として利用できるし、植物に関係するバクテリアは室内の微生物生態系を安定させ、全体の生物多様性を高め、病原体の発生を抑え

観葉植物は生命体の集まる場所で、家の生態環境と互いに影響しあっている。

ることによって、病原体に対する防衛機能を提供してくれる。[7] たとえば、葉圏に生息するバクテリアの多くは揮発性有機化合物（VOCs）［常温常圧で容易に揮発する有機化学物質］を生産し、その多くは植物病原菌の灰色かび病菌（学名 *Botrytis cinerea*）に対して活性を示す。[8]

都市化が進んだせいで、人間の健康という観点からも問題が生じている。糖尿病や循環器疾患、がん、うつ病といった非伝染性の病気は、現在世界中でもっとも急速に増加する健康問題のひとつになっている。増加には多くの要因があるが、運動や食事やストレスはとくに重要だ。[9] 都市生活で自然に触れる機会が減ったり屋内で座りっぱなしでいたりすることが、ビタミンD不足やぜんそく、不安神経症、うつ病といった身体的・精神的健康障害の一因だという証拠がどんどん挙がっている。[10] 自然と触れ合うほうが身体にも精神にもよいのは明らかで、最近の研究では室内植物にも明確な効能があることがわかってきた。[11]

観葉植物の健康効果については頻繁に議論されており、植物は「よいもの」であると直感的に理解されているようだ。しかしヴィクトリア時代の人々は室内の植物に逆の考えを抱いていた。植物は危険で有害な「蒸気」を発するという説があったのだ。[12] ジェーン・ラウドンは1841年のレディース・マガジン・オブ・ガーデニング誌に、植物は暗闇のなかで「炭素酸を放出し……このガスを吸いすぎると意識がもうろうとしたり頭痛がしたり息苦しくなったりする。寝室に植物を置くとしばしばこういった弊害が生じる」と書いている。[13] 啓蒙主義の偉大な科学者ジョセフ・プリーストリーが1772年に王立協会で、「植物は動物の呼吸と同じ方法で空気に影響を及ぼすのではなく、呼吸の影響を逆転させる。動物が生きて呼吸したり死んで腐ったりすることで有害になった大気を、快く健全なものに保つ」と説いたにもかかわらず、だ。[14]

科学的な信憑性はさまざまだが、大量のウェブサイトやYouTubeの動画や書籍が、観葉植物や切り花は空気の質を改善し、集中力や創造力を高め、ストレスやうつの影響を抑えて、私たちの健康を増進させると伝えている。植物や自然に触れることで得られる効能については繰り返し研究報告がなされている。たとえば、植物があると手術後の回復が早い、植物を40秒眺めると認知機能が向上する、「グリーン・エクササイズ」のプログラムに参加すると自尊感情が高まる、といったことだ。[15] 自然が健康に与える効果については、包括的な報告が最近いくつか発表され、さまざまな植物の効能が解説されている。[16]

建材や家具から、あるいは芳香剤や調理によって直接排出される有害なVOCsを除去し、室内の空気を改善するメカニズムとして、観葉植物は積極的に奨励されている。これらの有害物質は「シックハウス症候群」など室内の悪い空気が引き起こす健康被害の主原因と言われている。1960年代末、環境科学者ビル・ウォルヴァートンの研究チームは、水生植物が除草剤「エージェント・オレンジ」を生息地から除去することを発見した。この結果を受けて、アメリカ航空宇宙局（NASA）はウォルヴァートンに資金提供し、深宇宙探査の際に植物の根を使って空気から汚染物質を除去するための研究を依頼した。27年におよぶ研究の結果、炭素系汚染物質とVOCsを空気中から除去する植物のリスト、「NASA版　空気を浄化する観葉植物の手引き」が作成された。植物を所有する人間に無害なだけでなく、育てやすく寿命が長いことも選定基準のひとつとなっている。[17]この文書は何千ものウェブサイト、YouTube動画、販売キャンペーンに取り上げられ、そのどれもが室内の空気汚染を抑制するツールとして室内植物を宣伝した。

観葉植物が大気中のVOCsを減少させること、それには3つの主要なプロセスがあることが研究によって明らかになった。（a）植物の地上部分による除去、（b）根による除去、（c）堆肥中の微生物や有機物による除去、の3つである。重要なのは、枯れかけた観葉植物は汚染物質を吸収しないという点だ。汚染物質を効率よく除去するには、根がしっかり張っていて成長の活発な植物が大量に必要となる。

課題は、こういった実験的な研究を家庭やオフィスにどうしたら応用できるかをきちんと理解させることだ。建造物は部屋の大きさがまちまちだし、空気の流れや温度も変動する複雑な構造だ。VOCsの放出も、同じ建物でも日々異なる可能性がある。研究に使われたのは多くの場合、比較

サンセベリア（学名 *Sansevieria trifasciata*）。観葉植物のなかでもっとも丈夫で、汚染物質を除去すると言われている。

的小さく気密性の高い研究室で、住宅の複雑な構造とは比較できないし、またひとつの植物種と1種類の汚染物質のみを対象としている。こういった実験をそのまま家庭に置き換えて、室内汚染の管理に植物を効果的に使う指針とするのは難しい。

しかし、基本的なメッセージは正しい。観葉植物は健康によく、十分な量を植え活発に成長する状態を維持できれば、家庭内のVOCsの濃度を低下させることができるだろう。だが窓を開ければ、ドラセナ属（Dracaena）やスパティフィラム属（Spathiphyllum）を大量に植えて繁茂させるより大きな影響を与えることができる。室内の空気汚染を管理する手段として観葉植物を効率的に使うには、さらなる研究が必要だ。[18] 他に比べ空気の浄化率の高い植物があることがわかっているので、葉のクチクラ［植物の表面を覆う非常に薄いガラス様の物質］や、葉への空気の出入りを調整する気孔の動きや、光合成の速度を改良した新たなタイプを育種して選別することも可能だろう。遺伝子組み換えを利用して汚染物質の吸収効率を向上させることもできる。たとえば、一般的な観葉植物であるポトス（学名 *Epipremnum aureum*）に哺乳類のシトクロムP450 2E1遺伝子を組み込んだところ、ベンゼンとクロロホルムというふたつのVOCsを除去する力が一般の植物に比べ著しく向上した。つまり、遺伝子組み換え植物を利用した生物ろ過によって、家庭内の空気からVOCsを効率よく除去できるというわけだ。[19] とりわけ、オフィスや家庭で有意な効果を上げるためには、勢いよく成長している植物を大量に育てる必要がある。おそらく緑の壁を通して空気の流れを管理するとよいだろう。残念ながら、しおれかけて黄色くなったドラセナでは、ティーバッグを肥料替わりにしても十分ではない。

サミュエル・ジョン・ペプロー、『ハラン』、1927年頃、油彩、カンヴァス。

私たちは植物と生理的なかかわりを持つ一方で、精神的な健康や幸福感に影響を与えるかかわり方もしている。私たちが観葉植物と感情的に結びついているのは明らかだ。[20] メアリー・マッカーシーの『アメリカの鳥』〔中野恵津子訳。河出書房新社。２００９年〕（１９６５年）には、不運なファッツヘデラ――ツタヤツデ属（× Fatshedera）――とその世話をするピーター・リーヴァイとの関係が描かれている。「丈が高く、茎が長く、元気のない」その植物は、パリの街を散策したのち投げ捨てられてしまう。ジョージ・オーウェルの場合には、不運なハランが、郊外と「中部イングランド」に対する彼の怒りの象徴となっている。このメタファーはH・E・ベイツの『バビロンの葉蘭 *An Aspidistra in Babylon*』（１９６０年）でも使われている。[21] フラナリー・オコナーの短編『ゼラニウム』〔『フラナリー・オコナー全短篇』所収。横山貞子訳。筑摩書房。２００９年〕（１９４６年）では、ゼラニウム――厳密に言えばペラルゴニウム（Pelargonium）――がニューヨークの舗道で粉々に砕け、見捨てられる。主人公の老ダドリーが救いに向かうかと思われるが、そうはならない。観葉植物は慰めとひらめきを与えてくれる。植物を救うことは人に大きな影響を及ぼし、自尊心と達成感をもたらす。村上春樹の小説『１Ｑ８４』（２００９〜10年）のなかで、暗殺者の青豆は事情により潜伏生活を送ることになるが、自宅に残していく鉢植えのゴムの木を心配する。これは彼女の唯一の生きた友人で、彼女にとって「生命あるものと生活をともにする最初の体験」だった〔『１Ｑ８４ Ｂｏｏｋ２』村上春樹。新潮社〕。

私たちは人間があふれる都会化した環境で暮らすようになり、社会的交流や自己認識の機会が限られ、自然とつながることがますます難しくなっている。そんなとき観葉植物は、収集する（自分

ポール・セザンヌ、『テラコッタの鉢と花々』、1891 ～ 92年、油彩、カンヴァス。

の好奇心の棚を作る）ことの利点、そして何よりも、自然や同好の士と交流することの利点を通して、いくつかの面で重要な役割を果たす。

観葉植物ひと鉢で満足する家もあれば、家じゅうを植物でいっぱいにしたいという収集熱にとらわれてしまう家もある。家を飾るために短命な植物を収集するなんて物質主義的で贅沢な消費だ、とはねつけることもできるだろう。衝動買いであっても喜びが生まれるのだから無害だ、と主張することも可能だ。購入という行為によって、大量生産された観葉植物が価値あるもの、愛すべきものに変わる。重要なのは、植物を追加するたびにコレクションの完成に向けて一歩前進し（植物のコレクションに完成はあり得ないのだが）、それが自己認識を明確にし強化することにつながるという点だ。

収集の心理についてはさまざまな解説がなされてきた。なかにはかなり不快なフロイトの解釈に基づくものもある。しかし、植物の即売会や愛好家の集会を訪ねてみれば一目瞭然だが、観葉植物の購入や収集や栽培は、何百万もの人々に大きな喜びをもたらしている。動機はさまざまだ。取り憑かれているような人もいれば、特定の植物に情熱を傾ける人もいる。狩りのような興奮を感じる人もいれば、友人を作るため、知識を得るため、自尊心やアイデンティティを確立するために収集する人もいる。

都会生活に順応したい気持ちがある一方で孤独感も高まっていることを考えると、収集と栽培（あるいは整理。こういった植物は思い出と物語の置き場になるので）には役立つ面がある。観葉植物によって自主性が培われる。収集した植物は自分のものであり、自分の好きなように管理できるか

観葉植物は私たちの生活空間を演出し続けている。写真はフィロデンドロン・スカンデンス（学名 *Philodendron scandens*）、1959年。

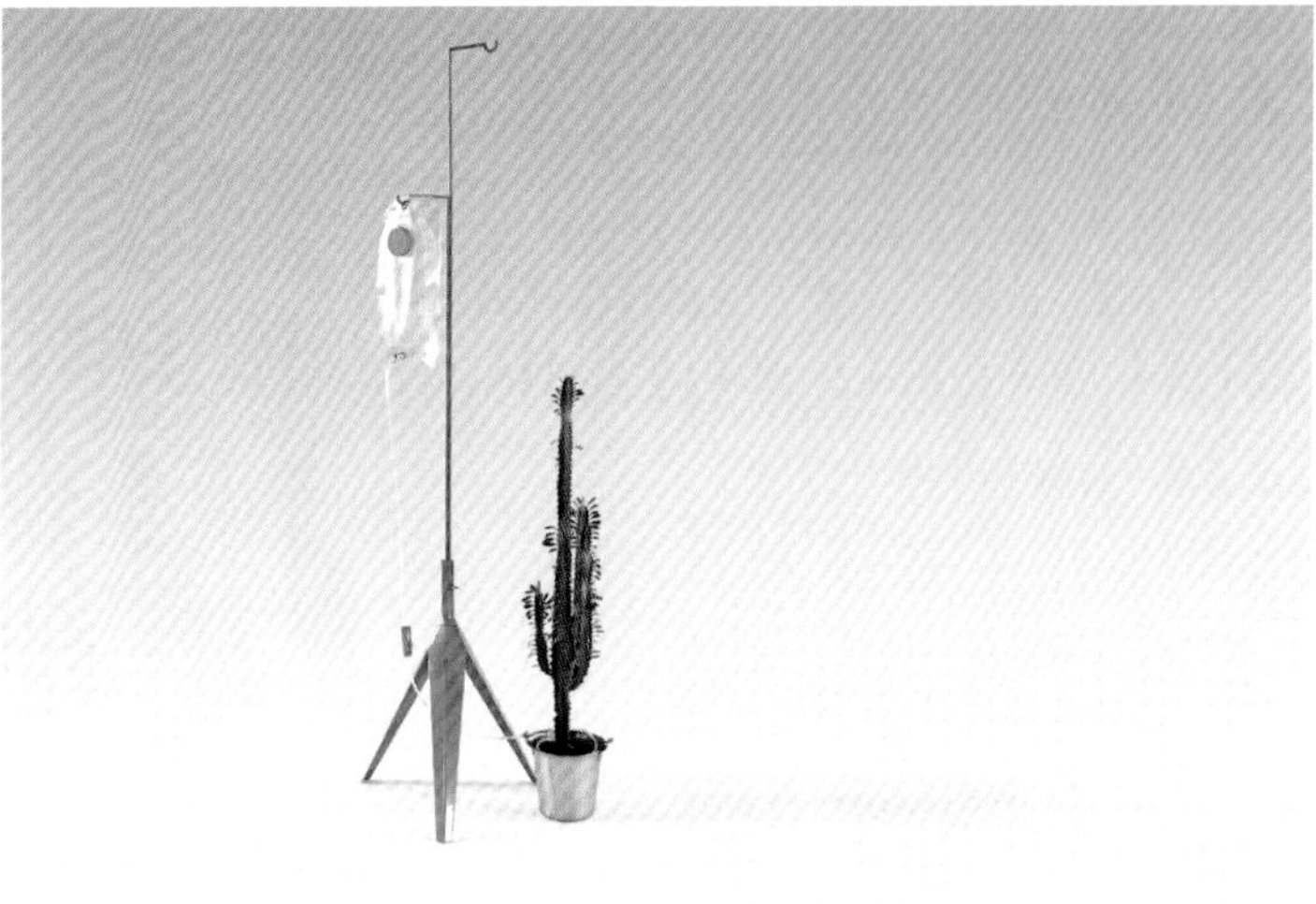

多忙な人向けの観葉植物給水器、ケイタ・アウグストカルネ、2018年。

らだ。経験、能力、知識を身に着け、それを今度はソーシャルネットワークの基盤にし、多様性と変化を見極める力を養う。賃貸世代［アメリカの新語。経済的事情で持ち家をあきらめ、貸家暮らしを続ける若者世代を指す］にとって、観葉植物は賃貸住宅から次の賃貸住宅へと持ち運べる手頃な自然なのだ。

ガーデニングが心に良い影響を与えることはよく知られているが、これは屋外でのガーデニングを念頭に置いており、観葉植物が心の健康に果たす役割を研究することは価値がある。世界の多くの地域で、とくにアジアの巨大都市が好例だが、大部分の人々は庭を持てないため、住居環境の質はきわめて重要だ。

観葉植物は家族も同然だ。ひと鉢の植物が過去、現在、そしておそらくは未来も、ずっといっしょにいてくれる。多くの場合、観葉植物には個人的な歴史が刻まれている。友人から贈られた、あるいは友人と交換したのかもしれないし、代々受け継がれた

ルシアン・フロイド、『植物のある室内、鏡像、耳をすます（自画像）』、1967～68年、油彩、カンヴァス。

ものかもしれない。あるいは別の家、別の時間の思い出がこもったものかもしれない。何十年も世話をし、その子孫を家族や友人と分け合い、世代を超えて受け継がれたものかもしれない。また、移住者とともに移動した植物が、家や土地を失った人々と故郷をつなぐ役割を果たすこともある。中東の家族に連れられてヨーロッパ全域に広まったミントは、故郷の思い出を提供するだけでなく、それぞれの栽培品種が特定の起源と食の伝統とを表現している。マイアミでは、多くのキューバ人家庭がキューバンオレガノ（学名 *Plectranthus amboinicus*）の鉢を窓台やベランダに置いている。故郷とアイデンティティを表現する植物なのだ。キューバンオレガノは東アフリカ原産で、ケニアからさらに南に下ったクワズール・ナタール州にまで自生している。そこからインド洋の通商路を経て広がり、最終的にカリブ海地域に渡った。[22] この植物はそれぞれのコミュニティにアイデンティティの一部として受け入れられ、離散した人々に慰めを与えている。

観葉植物とその周辺は庭と生息地のミニチュア版で、もっと大きな生息地や遠く離れた地域を明確に再現している。屋外の庭や菜園ほど骨の折れる作業は必要としないが、創造する機会を与え、自分らしい家づくりをさせてくれる。これは都会の人々には大きな価値がある。植物はどれを選ぶか、どんな鉢またはテラリウムに植えるか、そして家をどんなふうに飾るかを自分で決めることによって、人々はその場所で「くつろいだ気分に」なることができる。あなたは毎週数時間を庭にかけるかもしれないが、眠り、食べ、くつろぐのは家のなかでだ。そして家こそがあなたのアイデンティティと個性を表す。植物で自分らしさを表現することによって家は特別なものになり、個性を養い自尊感情を高めることにつながる。この社会的アイデンティティという意識は、観葉植物マニ

ステッピング・パーク・ハウスのエクステリア（上）とインテリア（次ページ）、ベトナム、ホーチミン市、ヴォ・チョン・ギア・アーキテクツによる設計。

ア向けの活発なオンラインコミュニティによって促進されてきた。しかし観葉植物との関係がいいことずくめというわけではない。オーウェルが書いているように悪感情を抱くこともありうる。

ゴードンはハランに一種の密かな敵意を抱いていた。何度もこっそり息の根を止めようとしていた――水をやらずにいたり、火のついたタバコを茎に押しつけたり、土に塩を混ぜ込むことすらあった……ストーブに点火したのち、灯油のついた指をわざとハランの葉で拭いたりもした。[23]

のんびりすることはしばしば逃避だと揶揄されるが、非常に有益でポジティブな精神的プロセスだ。これは植物の世話全般に重要な役割を果たす。点検という作業は、指でいじくりまわし、ひとつひとつ念入りに調べる儀式だ。それは数分で済むこともあれば何時間もかかることもある。落ち着いて集中すると、より小さな世界に注意が向けられることになり、その時間は注意力を保持できる。[24] 植物の世話をし、植物に何が必要かを考え、植物の成長について熟考し、将来の成長と開花を楽しみに待つことに没頭していると、時間はゆっくり流れ、心に再び元気を取り戻すことができる。

私たちの生活はより複雑化し、テクノロジーが私たちの文化的交流や公私にかかわる交流を支配するなか、光合成を行う小さな生命体が多くの慰めを与えてくれるとは不思議なことだ。そうなるのはなぜかと言えば、私たちが生まれながらに自然を必要としているからだ。E・O・ウィルソンはこれを「バイオフィリア」と呼んだ。私たちは他の生命体に魅かれ、それを追い求めるのだと彼は言う。かつて人間は生き延びることが第一であり、植物や動物や風景は生活空間の添えものにすぎなかった。[25] それが今では他の生命体に慰めを見出し、彼らからインスピレーションを得ている。この対極にあるのがバイオフォビア、つまり生物嫌悪だ。これは多様な生物のなかの特定の存在、つまり不快だったり脅威に感じられたりする生物、たとえばカイガラムシやコナカイガラムシを恐れるというものだ。

ウィルソンの「バイオフィリア」理論から進化したのがバイオフィリックデザインという考え方だ。オフィスや家庭や公共の場で自然とのつながりを促進することによって、私たちの幸福度を高めようという取り組みである。それには自然界に見られる形状や形態、自然な換気や建築資材、植物、広範な自然照明、屋外の景観、屋内と屋外の風景の融合を利用する。[26] 研究によれば、ワークスペースに植物があるとスタッフの士気が上がり、ストレス軽減も含め幸福度と仕事の成果が増進するという。[27] オーストラリアで行われた研究によると、植物（「机の上の相棒」）に名前をつけると、植物の様子が職場での会話の中心になったという。もっとも、この研究では枯れた植物や瀕死の状態の植物に関連するストレスやうしろめたさについては言及されていない。[28]

この鑑賞植物と人間の相利共生はさまざまな規模で新たな環境を作り出している。[29] 家庭では、植物は個人を豊かにするもの、楽しませるもの、価値あるものとして大切にされるだろう。そして室内空間がよりバイオフィリックに、より生き生きすれば、この植物は都市を形作るものの一部となるだろう。これは壮大な実験だ。都市の緑の壁は何十年にもわたり成長し多様化する長期的な生息地になり、生態系の自然発生を促す可能性を秘めている。一方、観葉植物は家のなかで大切にされ続けるだろう。微生物叢の媒介者として扱われたり、より多くの汚染物質を除去するよう改良されたりするかもしれない。それでも観葉植物は基本的に楽しませてくれる、すばらしい存在だからこそ愛され続けるだろう。

第4章　ウォード博士のガラスの遺産

本来の強さと生命力を備えた新鮮な状態で本物のグリーンを入手する方法はひとつしかない。ウォーディアンケースに入れて栽培することだ。[1]

シャーリー・ヒバード（1856年）

私たちはさまざまな生物をガラスの箱に入れるのが大好きだ。テラリウムや博物館のジオラマやアクアリウムのなかに、私たちは想像した熱帯世界の縮図を作り上げる。この習慣は古代の珍品の飾り棚にさかのぼることができるが、とくにヴィクトリア時代には何人かのさきがけとなる人々がいた。もっとも有名なのはロンドン東部のホワイトチャペルに住んでいたナサニエル・バグショー・ウォード博士（1791～1868年）だ。彼は植物をガラス箱に入れて栽培した。ガラス箱は大洋を越えて植物を安全に運ぶ容器となっただけではない。ヴィクトリア時代の応接間を飾り、健全な娯楽と自然史教育を提供する、何万という小さな植物世界をそのなかに作り上げたのだ。

この小さな世界の魅力は今日も精巧な形で続いている。ある世代の多くの家々には、かつてテラ

テラリウム、小さなガラスのなかの世界。

技術の発展により、小さな生育環境を家のどこにでも設置できるようになった。

ロヴィス・コリント、『水槽の傍らで読書する婦人』、1911年、油彩、カンヴァス。

リウムがあった。たいていはすばらしい古いガラスの大型瓶で、ガラスは薄い緑色に染められ、そのなかにイワヒバ属(Selaginella)と、コケとおそらくはからまりあうフィットニア属(Fittonia)が収められていた。テラリウムへの関心は再び高まっており、ウォーディアンケースとアクアリウムの伝統は、故・天野尚のようなアクアスケイパー［水槽内のレイアウトを行う専門家］やサシャ・スパチャル、東信《あずままこと》、マーク・ディオンといった現代アーティストの作品と融合している。また、ジュゼッペ・リカーリやパトリック・ブランといったデザイナーは、このミニチュア世界を、室内植物に包まれた大きなグリーンルームや垂直庭園［屋内外とわず壁面に沿わせて植物を植えた庭園］に拡大している。

ナサニエル・B・ウォードの挿絵。『ガラス張りの容器内での植物の栽培について *On the Growth of Plants in Closely Glazed Cases*』（1852年）。

ヴィクトリア時代のイギリスはガラスに夢中になっていた。この素材は、ジョセフ・パクストン設計のクリスタルパレスやリチャード・ターナーが建設したキュー王立植物園のパームハウスなど、驚嘆すべき建築物を生み出していた。1845年にガラス税が廃止され、ガラスが使用しやすくなったこと、エキゾチックな植物を育てたいという植物学者やアマチュア博物学者の欲求が高まったことが、発明への豊かな土壌を作り上げた。優れた園芸家で人気雑誌ガーデナー・マガジンの発行者だったジョン・クローディウス・ラウドンは、温室をたんなる19世紀の住宅の添えものとしてだけでなく、家の一部にすべきだと宣伝している。「温室、グリーン用温室、オレンジ栽培用温室は、可能なら郊外の住宅すべてに取りつけるべきだ[2]」

多くの画期的発明に言えることだが、それ以前にも似たようなものは考案されていた。18世紀から19世紀にかけて、植物を栽培したり運搬したりするためにいくつかのガラスケースが試されている[3]。たとえばニコラウス・ヨーゼフ・フォン・ジャカンはウィーンの宮廷に派遣されてカリブ地域の島々を探検した際（1754～59年）、植物をうまく運搬するために収納ケースを独自に考案

RECTANGULAR FERN CASE.

シダが植えられた直方体のケース。シャーリー・ヒバード『シダの庭 The Fern Garden』第9版より（1881年）。

した。イギリスではグラスゴー大学のアラン・アレクサンダー・マコノヒー教授が、ウォードの発明の14年前に、魚類飼育用の水槽を改造して異国のシダその他の植物を育てることに成功している。[4]

ウォード博士はその細やかな性格で、植物学の研究道具をヴィクトリア時代のおしゃれな応接間に映える備品に変えるとともに、植民地の農業に革命をもたらした。ウォードは生涯アマチュア植物学者だったが、2万5000種を収めた個人の植物標本室を持っていた。汚染がひどく非常に貧しいロンドンのイーストエンドで医師として働いていたため、彼は産業公害が人間に与える損害を明確に理解していた。シャーリー・ヒバードは1859年（後述するウォードの観察の約30年後）にロンドンでの庭づくりの難しさについて書いている。「毎年春と夏に何千という美しい植物がロンドン周辺の種苗園からやってきてシティで売られるが、じわじわと息の根を止められていく……空気の代わりに煤煙を吸い込むせいだ」[5]

少年時代、ウォードはジャマイカに旅した経験があった。

THE DRAWING-ROOM, GEM, AND ALBERT PLANT CASES.

These have been awarded Prizes by the International Horticultural and Botanical Congress, Royal Horticultural Society, Royal Botanic Society, Crystal Palace, &c.

No. 11. No. 3. No. 1.

No. 5. No. 9. No. 7.

The above Illustrations represent a few of the numerous elegant Plant Cases and Jardinets we have always on exhibition at our warehouse. (*See also pp.* 30 *and* 31.)

No. 1.—Tripod Gem Plant Case, furnished with ferns and foliage plants, 63/.; or filled with spring-flowering bulbs, 42/. to 50/.; Table, 42/.

No. 3.—Albert Plant Case, furnished, 18 inches, 65/.; 20 inches, 84/.; 24 inches, 105/.; 30 inches, 147/.; 36 inches, 189/.; empty, 45/., 50/., 70/., 90/., 115/.; Tables 35/. to 50/.

No. 5.—Gem Plant Case, with Rustic Wood Stand complete, furnished with ferns, &c., 105/.; or filled with spring-flowering bulbs, 84/. to 90/.; empty, 84/.

No. 7.—Rustic Terra Cotta Plant Case, furnished with ferns, &c., 30/. to 35/.; or filled with spring-flowering bulbs, 21/. to 30/.; Table, 42/.

No. 9.—Rustic Terra Cotta Pine Pattern Plant Case, with furnished ferns, &c., 21/., 25/., and 30/.; or filled with spring-flowering bulbs, 15/., 21/., and 25/.; Table, 63/.

No. 9.—Rustic Terra Cotta Toothed Pattern Plant Case on Pedestal, with furnished ferns, &c., 30/. and 35/.; filled with spring-flowering bulbs, 21/. to 30/.

No. 9.—Terra Cotta Plant Case, with furnished ferns, &c., 25/., 30/., 35/., and 42/.; filled with spring-flowering bulbs, 21/. to 30/.

The Cases, when filled with plants, should, if possible, be conveyed under personal superintendence; if required to forward them by rail, we exercise every caution in packing and delivering them safely at any of the London Railway Stations, to be forwarded by passenger train at the Consignee's risk and expense. If filled with bulbs they will carry any distance safely, and are sent carriage paid, if 21/. or upwards in value. As they require to have extra packing, a small charge is made for the case.

London: Printed by Truscott, Son, & Simmons, Suffolk Lane, E.C.

ヴィクトリア時代の凝ったテラリウムの数々。バー＆サグデンの春の種子カタログより、1866年。

彼が熱帯の豊かな植物の記憶にとりつかれ、汚染されたロンドンでシダを育てようとしたのは想像に難くない。ある簡単な自然観察から、彼は保護された環境下で安全に植物を栽培することを思いついた。1829年の夏、彼は次のように書いている。

ガラスの広口瓶に湿った土を入れ、そこにスズメガのさなぎを埋めて蓋をした。毎日その瓶を観察していると、日中の暑さで土から生じた水分がガラスの表面で凝結して元の土に戻り、土が常に同じ湿度に保たれていることがわかった。さなぎが成虫になる約1週間前に、シダと草が土の表面から芽生えた。

私は北向きの書斎の窓の外に瓶を置いた。たいへんうれしいことに、植物は育ち続けた……いかなる世話も必要とせず、植物はそこでほぼ4年生き続けた。草には1度花が咲き、シダは毎年3、4枚の葉状体をつけた。[6]

ウォーディアンケースは船の甲板にロープで固定され塩分と嵐に耐えながら運搬される一方で、ヴィクトリア時代の応接間を飾り、清く正しく上品な話題の中心になった。ウォードは自分のケースを国際的な植物輸送に活用できるかどうか、ロッディジーズ種苗園と共同で試験輸送を開始した。[7]1833年、植物をいっぱいに詰めたウォーディアンケースがシドニーに送られた。航海中の激しい温度差にもかかわらず、植物が元気なままケースは到着した。1834年、今度はオーストラリアの植物が詰められて、ケースはイギリスに戻った。前回同様ケースは暑さと寒さに襲われ、雪にさらされることすらあったが、植物の品質は申し分なく、ジョージ・ロッディジーズとウォードは喜んだ。商品価値が証明されたケースは、たちまちのうちにさまざまな領域で使われるようになった。19世紀にウォーディアンケースで運ばれた3つの植物は、ヴィクトリア時代の植民地を活性化させている。プラントハンターのロバート・フォーチュンは中国からインドへ茶の苗木を運ぶのに成功した。パラゴムノキ属（Hevea）の苗木は、アジアにゴム産業を興すためにキュー王立植物園からマレーシアに運ばれた。マラリアの治療薬となるキナノキ属（Cinchona）はペルーからイギリスに運ばれた。ウォーディアンケースは遠く離れた大農場と植物園をつなぐ国際的な往復輸送サービスに利用された。１８７１年から80年にかけて、毎年平均39便がキュー王立植物園から送り出されている。[8] ウォーディアンケースは「祖国」への思いをつなぐツールにもなった。１８６５年、イギリスからオーストラリアのメルボルンにサクラソウが届くと、郷愁の念にかられた約３０００人の人々がこの植物を見に集まったという。[9]

ウォードは科学界の寵児となり、１８３３年にリンネ協会で、１８５１年にはロンドン大博覧会で、ケースを披露している。[10] 王立協会、芸術協会、科学振興協会はみなこの発明に喝采を送った。

それまで不可能だった場所で植物を育てたいという園芸家ならではの強い衝動にウォードが突き動かされていたのは事実だが、彼はヴィクトリア時代に浸透していた社会の改善と宗教という価値観の影響も受けていた。困窮する人々のなかで働いていたウォードは、ウォーディアンケースを貧困と不健康に立ち向かうための資産と考えていた。彼の著書のある章には「貧困を改善するための『秘密の』計画」というタイトルが掲げられ、このなかで彼はウォーディアンケースを使って栄養価の高いサラダ野菜を窓際で育て、それによって「密集して暮らす人々の道徳的・肉体的欲求を軽減」すること、さらにはケースに収める植物や、遺跡や塔の模型を提供する事業を貧困者が進めることを提案している。彼はまた、ガラスケースのなかで日光を浴びることが結核やはしかの治療に役立つとも考察している。善良なヴィクトリア時代人として、ウォードはウォーディアンケースと植物鑑賞に精神的な価値を見出した。アンデスの木生シダとカナリア諸島の低山帯の森林について熱烈に語ったあとに、彼はこう書いている。

樹木状のシダは植物の王国でもっとも壮麗だ。温暖な地域では、死んで朽ちかけた自然と芸術の作品がまとう不死鳥のような美しさを喜べない人はほぼいないし、こういった目に見える生物に全能の神の目に見えない知恵とみごとな技を感じ、崇めることのできない人もいない。[11]

ウォーディアンケースの機能に当惑する人もいた。[12]多くの人々の想像とは異なり、ケースは奇跡を起こす完全密封されたガラス箱ではなかったし、園芸的な世話もまだ必要だった。誤解がもとでケースを批判する者もいた。たとえばヒバードは「ウォーディアン理論」を「妄想と罠」だと述べている。また、この摩訶不思議なガラス張りのケースは時間の流れを遅らせ、切り花がしおれたり枯れたりするのを止められるのかというきわめて難解な議論も交わされた。[13]

ウォーディアンケースと、生物を入れたわけではないがやはりヴィクトリア時代に流行した剥製《はくせい》のケースとは、よく関連づけられる。剥製の鳥や動物を収めたガラスケースは、ヴィクトリア時代の応接間の特徴ともいうべきもので、動かない異国の縮図だった。イギリスにランやアナナスを船便で送る植物コレクターが、ハチドリの皮といった異国の珍品を取引することは珍しくなかった。有名なコレクターのひとりはウォードの友人で種苗園主のジョージ・ロッディジーズである。彼のハチドリのコレクションは200種を超え、現在はロンドンの自然史博物館に収蔵されている。[14] 彼の1835年、ロッディジーズのプラントハンターのひとり、アンドリュー・マシューがハチドリの新たな属を発見し、雇い主にちなんでロディゲシア属（Loddigesia）と名づけた。この属は、すばらしいへら状の尾を持つオナガラケットハチドリ（学名 *L. mirabilis*）1種しか含まない属で、この種は今では残念なことに絶滅危惧種に指定されている。エキゾチカ収集で知られるもうひとりの偉大な種苗園主は、サー・ハリー・J・ヴィーチ（1840〜1924年）だ。彼は熱帯の貝殻と民俗学的な珍品の目利きで、彼のコレクションの一部は現在ロンドンの大英博物館とエクセターのロイヤルアルバート博物館に収蔵されている。

　ウォーディアンケースの発明は、天然シダの収集熱が驚くほど高まった時期と一致した。この流行はプテリドマニアと呼ばれる。ヴィクトリア時代のイギリスは豊かさを増し、富裕層には趣味に費やすお金も時間もあった。とくに新しい鉄道網が開通して地方にアクセスしやすくなったことが流行に拍車をかけた。ウォーディアンケースはシダ熱の受け皿となり、中産階級の応接間の中心に置かれるようになった。シダはあらゆる好みや予算に合わせて驚くほどたくさんのケースに入れて展示された。ウォードは「ティンタン・アビー」と呼ばれる2・4メートル四方のケースを作った。このなかには修道院の模型と50種のシダ、さらにヤシやツバキといった植物が収められていた。

DICK RADCLYFFE & CO., F.R.H.S.
Seed Merchants and Horticultural Decorators.
128 & 129 HIGH HOLBORN.
Queen Anne Window Cases, Early English Conservatories, Old Style Aquaria and Fern Cases, Conservatories and Window Cases in ye Old Style. Registered Designs.
Seeds.
Horticultural Requisites.
Window Caſes.
Ferneries Built & Furnished.
Plants.
Bulbs.
Garden Requisites.
Window Boxes.
Conservatories Built & Furnished.
Ferns.
The Fernery in H.R.H. the Prince of Wales's Pavilion at the Paris Exhibition was executed by DICK RADCLYFFE & CO.
Horticultural Builders. Garden Furnishers.
DICK RADCLYFFE & CO., F.R.H.S.
Seed Merchants and Horticultural Decorators.
ILLUSTRATED CATALOGUES GRATIS AND POST FREE.

ディック・ラドクリフ商会の広告、「シダとシダケース」より（1880年）。

『水の子どもたち』［芹生一訳。偕成社。1996年］（1863年）の著者チャールズ・キングズリーは著書『グラウコスまたはショアの不思議 *Glaucus; or, The Wonders of the Shore*』（1854〜55年）のなかでこの流行について述べている。

君の娘さんたちはおそらく今はやりの「プテリドマニア」になって、収納するウォードのケースとともにシダを集めたり買ったりしているだろう（代金を払うのは君だ）。そして発音不可能な種の名前（シダの新しい解説書ごとに名前が違っているように思える）について論じているだろう。君はプテリドマニアにいいかげんうんざりしていることだろう。[15]

シダは収集の対象としては繊細で上等なものと考えられていた。ウィリアム・スコットは1899年の『栽培家の手引き *The Florist's Manual*』のなかでこう説明している。「シダを好みシダが趣味だと言う人は優れた知性の持ち主だと言って差し支えない……一般大衆よりはるかに優れた知性の持ち主なのだ」[16]。同様にヒバードも室内シダ園の価値について『シダの庭園 *The Fern Garden*』（1869年）のなかで抒情的に語っている。

庭など聞いたこともなく、墓地ですらごみだらけの荒れ果てた場所で、シダのケースには千金の価値がある。それは木の命を封じ込めた森だ。一瞬封を開けば、頭を垂れたスミレが生える鬱蒼とした谷間にいるかと錯覚させる香りが突然漂う。[17]

イギリスの商業的なシダ収集家は、都会のシダ愛好家に売るため、希少な種を求めて田舎を探し回った。珍重されるキラーニーシダやイワデンダなど、希少で地域が限定されている種は、生息地を掘り返しロンドンの市場にトン単位で送るコレクターもいて、数がひどく減少したという。葉が変異したものや交配種は高値で売れ、植物ブームではありがちなことだが、新たな栽培品種名が混同されることもあった。

ノナ・ベレアーズは、植物学のガイドブックで回想録の『たくましいシダ *Hardy Ferns*』（1865年）のなかで、シダを乱獲から保護する法律の制定を皮肉たっぷりに求めている。「昔のオオカミのように、哀れなシダの頭には賞金がかけられており、同じようにまもなく姿を消すだろう。私たちは『シダ法』を制定して野生動物同様に保護しなければならない[18]」。この保護を求める感動的な呼びかけは、デヴォンの田舎で希少なシダを探したという長い記述の直後に書かれている。

プテリドマニアはすぐに陶器に影響を与え、ウェッジウッド、ミントン、ロイヤルウースター、リッジウェイ、ジョージ・ジョーンズなどがシダをモチーフにした装飾を採り入れた。シュロップシャーのコールブルック・カンパニーは、人気の高い「シダとブラックベリー」や「オスムンダ・レガリス（ゼンマイの一種）」のガーデンチェアなど、すばらしい鋳鉄製の家具を製造した。

ヴィクトリア時代の大シダブームは、園芸界にいくつか遺産を残した。そのひとつが人気の観葉植物、ボストンタマシダ（学名 *Nephrolepis exaltata* 'Bostoniensis'）だ。1894年、合衆国、フィラデルフィアのロバート・クレイグ・アンド・カンパニーが100株のセイヨウタマシダ（学名 *N. exaltata*）をマサチューセッツ州ボストンのF・C・ベッカーに送ったところ、ひとつ異なる株が混じっていた。葉状体が広い羽状で、直立せずに垂れているのだ。[19] この変種をボストンに送ったのは、マイアミの種苗園ソア・ブラザーズだという説もある。野生種はフロリダ原産で、霜の降りない場所でなければ育たない。イリノイ州スプリングフィールド・フローラルカンパニーの若き事務員ハリー・アスラーは、フロリダでボストンタマシダを生産すれば大儲けできると考え、１９１１年、オーランドにほど近いアポプカのそばに種苗園を開いた。シダはフロリダ州の観葉植物ビジネスの初期の主役となった。ビジネスは成長した。１９２３年にはアポプカの人々は自分たちの町を「ファーンシティ（シダの町）」と呼ぶようになり、１９２７年にはアスラーは年に１００万株以上のシダを出荷するまでになった。彼は他の観葉植物や鉢植えにまで手を広げ、１９５０年代にはファーンシティは「世界の室内観葉植物の都」となった。フロリダ南部は現在も世界的な観葉植物大量生産の中心地となっている。

　ヴィクトリア時代の博物収集ブームは続いていたが、それと競うようにアクアリウムにも人気が集まっていた。アクアリウム用ウォーディアンケースの製造技術が確立し、水生植物と水への酸素供給の関係が立証され、鉄道は荒廃したシダの生息地を抜けて多数のコレクターを海辺という新たな収集地に運ぶようになった。ロバート・ウォリントンはこのブームの宣伝係兼仕掛け人で、初期のアクアリウムはウォリントンケース、あるいは水生植物ケース、パーラーアクアリウムと呼ばれた。やがて水生植物が生え魚が泳ぐ水生環境と、シダが生えときにはカエルの棲む陸生環境の両方に使えるケースが設計されるようになった。それから間もなく、シデナム（クリスタルパレス内）、ブライトン、サウスポート、ヤーマス、マンチェスター、ウエストミンスターに新たな公共の水族

バイオスフィア2。おそらく世界最大のウォーディアンケース。合衆国、アリゾナ州、トゥーソン。

館ができた。現存するブライトン水族館も、閉館になった他の水族館も、魚や不運なネズミイルカの水槽に加え、シダ園や洞窟を備えていた。

アクアリストの先駆けである天野尚（1954〜2015年）は、閉鎖された世界というヴィクトリア時代の遺産を受け継ぎ、水生植物の生態に対する深い理解とすばらしいデザインセンスによって、ウォードとウォリントンが涙を流すような水中風景を作り上げた。イギリスの多くの水族館に見られるような、藻が繁茂した陰鬱な空間とはまったく異なり、植物が優勢な水中世界を精緻に抽出した空間だ。天野はアマチュアおよびプロのアクアリストに多大な影響を及ぼし、世界水草レイアウトコンテストを創設した。

世界のメタファーとしてのウォーディア

ンケースは、芸術家と科学者の両方に研究されてきた。１９７０年代初頭、アルゼンチンの芸術家ルイス・フェルナンド・ベネディットが「フィトトロン」を制作した。これは小さな温室、すなわち大型のウォーディアンケースで、生態循環を探究するものだった。１９７２年、彼はニューヨーク近代美術館に光と液肥を人工的に供給する温室を展示し、70株のトマトと56株のレタスを水耕栽培した。[20]閉ざされた世界であり、環境変化のメタファーである。

アリゾナ砂漠に建設された閉鎖式実験施設バイオスフィア２は、最大のウォーディアンケースと言えよう。だがヴィクトリア時代の卓上式ケースとは逆に、このケースは８人の人間がなかで暮らし、内側から広い世界を眺める。１９８７年から91年にかけて建設されたこの施設は、生態学的プロセスと大気のプロセスを研究するための閉鎖された生態系だった。施設の面積は１・27ヘクタールで、内部には居住区域、農業区域、乾燥した区域、２０００平方メートルの熱帯雨林、８５０平方メートルの海があった。この生息地に、前述の８人の人間（「バイオスフィリアン」と呼ばれた）に加え、さまざまな植物や動物が持ち込まれた。完全に隔離して大気を自給自足するという初期の２つの実験は物議を醸したが、バイオスフィア２はアリゾナ大学の管理のもと、生態系のプロセスを研究するために継続されている。[21]

芸術家で博物館学者のマーク・ディオンのさまざまな作品には、しばしばウォーディアンケースに関連したヴィクトリア時代の収集・展示の伝統が反映されている。[22]そのひとつがシアトルにある「ノイコム・ヴィヴァリウム」だ。これは巨大なツガ属（Tsuga）の朽ちかけた幹を収めたガラスの箱だ。このヴィヴァリウムは光と湿度によって元の森の生息環境を再現し、森の仲間だったシダ、

パトリック・ブランの室内植栽は、ウォーディアンケースのなかの幻想的な世界を私たちの生活空間に解き放ったものだ。ロンドン、ヒースロー空港のスカイチームラウンジ（上）と、ドバイ、ソフィテル・パーム・ジュメイラ。

現代版ウォーディアンケース。ジェイミー・ノース、『インフレクション（屈折）』、2019年、高炉スラグ、コンクリート、吹きガラス。

コケ、菌類、土が活性化し、腐敗のプロセスが進むようにできている。シャーリー・ヒバードもこれなら認めるだろう。

21世紀の今、室内空間のための新たな風景が構築されつつある。ジュゼッペ・リカーリに代表される芸術家たちは「グリーン・ルーム」を作っている。これは現代のアートギャラリーの簡素な白い空間に滅菌された領域を設け、そのなかに芝や花の咲く木を生い茂らせたものだ。この作品をさらに進化させたのがバラッコ＋ライト・アーキテクツで、消滅の危機にあるオーストラリアの草原を再現した作品を、２０１８年のヴェネチア・ビエンナーレに出品している。彼らは現在残っているヴィクトリア州の原生草原の1パーセントを表現するために、草原に生育する65種の植物を1万本以上使用した。[23]

初期の垂直庭園は、ブラジルの造園家兼環境デザイナーの芸術家、ホベルト・ブルレ・マルクスの作品に見ることができる。ブルレ・マルクスはブラジルの植物相を発想の源泉とし、ブラジルが熱帯地方としてのアイデンティティを再発見したのを機に、芸術家として活動を開始した。初期の作品、ブラジル南部のトレスにあるグアリタ・パーク（1973～78年）で、彼はブラジル原産のアナナスを使って自然の断崖に垂直庭園を造った。また、ル・コルビュジエやオスカー・ニーマイヤーといった建築家と協力して、熱帯植物を使った空中庭園を設計している。ニーマイヤーとの共同作業のひとつが、独特な植物の柱と内部の植物パネルが特徴的なサンパウロのバンコ・サフラ・プロジェクトだ。[24]

ブルレ・マルクスはひとつの専門にこだわらず、植物や生態系に関する知識を自らの直感と融合させた。同様に博学な熱帯植物学者パトリック・ブランは、家や、オフィス、ショールーム、博物館、ホテルといった室内空間に、熱帯植物を大規模に植える動きを牽引している。[25] ブランは現地での熱帯植物研究をライフワークにしている。タイの森林からベネズエラの大山塊まで、彼はさまざまなものからインスピレーションを受け、また革新的な園芸技術によって驚くような室内インスタレーションを作り上げてきた。彼の作品はアクアリウムやテラリウムから発展し、建築物の内部や周囲に広がっているのだとも言えよう。彼はカラジウム属（Caladium）やスキンダプスス属（Scindapsus）といったおなじみの観葉植物に加え、栽培ではめったに見られない熱帯の渓流植物など、さまざまなエキゾチックな植物を使用している。ブランはロマンティックで多様なウォーディアンケースの内部に訪問者を直接入れた。そこでは驚くような植物が壁を滝のようになって落ち、しばしば小川が流れ、霧に包まれていたりする。

何十年もの間、「観葉植物」とは鉢や容器や瓶に植えられた植物を意味してきた。ブランや他の革新者たちは、観葉植物が家のなかでも、そして何より家の周囲でも大規模に栽培できるよう、ツールと植物の組み合わせを開発してきたのである。

第5章　植物の家

　私たちと観葉植物がともに遂げてきた進化は、社会の複雑な変化を反映して加速している。次に来る進化は、活気あふれる一方で物議を醸すかもしれない。本章はウィーンの鉄道駅の待合室から始めよう。モンステラからインスピレーションを得たモチーフがすばらしくエキゾチックな雰囲気を作り上げている部屋だ。それから、鉢植えの植物が新たな建物設計の鍵となった1950年代カリフォルニアの建築を見て歩き、最後に植物、藻類、菌類に形作られ包まれた、文字通り「植物の家」に私たちの未来をゆだねる画期的なプロジェクトを見ていこう。このような新たな構造を作り上げるには、ロボット機能と生きた植物との融合や、新たな分子ツールを利用した植物創造が関係してくる。不思議なことだが、建物がより有機的に、おそらくより自然になるにつれて、私たちの家にある植物はあまり自然なものではなくなっていくかもしれない。私たちが家に持ち帰りたいと思う植物を、遺伝子工学とロボット工学が必然的に作り上げていくことになるだろう。

　窓台の鉢や壁のモチーフなど、かつては彩りにすぎなかった観葉植物だが、今では機能を広げ、生活のさまざまなシステムに関与している。園芸に関する専門知識が着実に蓄積され、変化する世界からプレッシャーを与えられている今、革新者や設計者は、単なる装飾品を超えた植物を利用して私たちの生活空間を向上させるよう迫られている。観葉植物が私たちの健康と幸福に有益なことはわかっているが、私たちの共進化の次のステージは、規模も範囲もまったく違ったものになるだろう。持続可能で何より暮らしやすい都会の生物群系を作り上げるために、未来の植物はどのような役割を果たすのか。ウォーディアンケースがヴィクトリア時代の知的活力と商業的活力の産物だったように、今日私たちの生活空間を向上させる植物との関係は、21世紀のテクノロジーと創造性によって推進される。

ウィーンの鉄道駅の待合室は話を始めるのに打ってつけだし、おそらく初期の結びつき、つまり2次元の装飾やエキゾチックなモチーフに植物が使われた典型的な例だろう。オーストリアの建築家オットー・ヴァグナーはエキゾチックなものを愛し、設計した建物の内外に植物をあしらうのを好んだ。ウィーンのマジョリカハウスにあふれんばかりに描かれた心躍る植物にそれは顕著だ。しかし彼のもっともエキゾチックな作品は、1905年当時ヨーロッパのサトイモ科文化の精神的中心地だったシェーンブルン宮殿近くにある、帝国鉄道駅の王族用待合室の内装だろう[1]。待合室の絨毯と壁はともにモンステラの葉と気根をモチーフにしている。熱帯のサトイモ科植物の科学と園芸に多大な貢献を果たした植物園を持つ王室に、これ以上ふさわしいモチーフはない。ヴァグナーのデザインは、熱帯植物に対する彼の長年にわたる愛情を物語っており、装飾やシンボルが複雑さと関係性を増しながら、植物の生命を支える気根の網目模様へとつながっていく。

オットー・ヴァグナーによるウィーンの鉄道駅。モンステラのモチーフがあしらわれている。

CW ストックウェル社の壁紙「マルティニーク」。アルバート・ストックデールのデザイン。

観葉植物は現代のインテリアデザインにおいて中心的な役割を果たしている。

このエキゾチックな装飾モチーフへの人気は驚くほど長続きしており、大きな葉を持つ熱帯植物は熱帯やエキゾチックを簡潔に表現するのに役立つ。1941年、テキスタイル会社のCWストックウェルはイラストレーターのアルバート・ストックデールに、バハマ諸島の熱帯の雰囲気を漂わせる壁紙の制作を依頼した。[2] その結果生まれた「マルティニーク」と呼ばれる壁紙は、バナナの葉をモチーフにしており、ビバリーヒルズホテルでふんだんに使われたことで有名になった。この壁紙は今も販売されている。

大きな葉を持つ観葉植物、とくにフィロデンドロン属（Philodendron）やモンステラといったサトイモ科植物は、都市のデザインや大衆のイメージに定着している。画家アンリ・マティスは、亜熱帯の北アフリカの植民地でモンステラに出会い、魅了されている。また、ジェームズ・ティソの絵『温室にて』（1869年）でも、エキゾチックな背景を作り出している。こういった植物は、熱帯を舞台にした多くの映画にも登場している。アルフレッド・E・グリーン監督、カルメン・ミランダ主演の『悩まし女王』（1947年）や、ジョニー・ワイズミュラー時代の実に怪しげなターザン映画で背景の一部となっている。

フィロデンドロン属は、欧米のモダニズム世代の建築家やデザイナーが好んで使用した。大きなガラス窓があって間仕切りのない美しい家には、よく鉢植えのフィロデンドロンや、ときにはモンステラが中心的な装飾として、あるいは窓の接合部を隠すために置かれた。リチャード・ノイトラ、A・クインシー・ジョーンズ、ロドニー・ウォーカーといったアメリカの建築家は、こういった植物を彼らの建築物の殺風景なラインと対比させるものとして使用した。[3] ヨーロッパでは、デンマークの建築家アルネ・ヤコブセンに支持されている。熱帯雨林由来の熱帯植物は、ヴィクトリア時代の人々やアールヌーヴォーのデザイナーに好まれ、その後もさまざまな世代に受け入れられた。彼らにとって鉢植え植物の派手な葉は、建築の洗練されたデザインと対照をなすものだったのだ。この手法は、イギリスの公共スペースで大型のコンテナを使って開かれた先駆的なイベント、フェスティバル・オブ・ブリテン（1951年）にも導入された。

伝統的に観葉植物は装飾品として利用されてきたが、その役割は今、建物の設計や機能にまで拡大している。植物によって家の空気を浄化しようとするならば、活発に成長する植物を、関連する建築的・工学的サポートを受けながら大量に維持しなければならない。しかしパトリック・ブランが始めたグリーンビルディングやアーバンキャニオン（都市の渓谷）の構想に影響され、都市の生物群系における生活環境を向上すべきだという認識とあいまって、私たちは部屋をつないだり、建

ロイ・デ・メーストル、『ランプのある室内』、1953年、油彩、板。

部屋、家の骨組み、庭を隔てる仕切りは破壊された。ゴハル・ダシュティ、『無題』。「家」シリーズより、2017年、インスタレーション・フォトグラフ。

物を覆ったり、風景のなかに巻き込んだりして、植物を3次元で利用できると考えるようになった。デザイナーや建築家は建築内部と外部の景観を融合させ、工学技術を園芸、芸術、科学と合体させている。この手法は大胆な試みで、大規模に植物を植えつけて新たな都市の生息地を作る。都市の環境機構の一部として機能するすばらしいデザイン作品だ。さらには、家で育てるコケ類、菌類、藻類までも観葉植物とみなすという斬新な手法も加わった。こういったさまざまなものが混在するなかで非常に先駆的なところにあるのが、植物のバイオハイブリッドの開発だ。これは生きた植物とマイクロエンジニアリングを融合させたものだ。

マーヴィン・ピークの『ゴーメンガースト』3部作［浅羽莢子訳。東京創元社。1985、87、88年］（1946～59年）には、古代の木々やツタが茂るなか、じめじめした漆喰や石細工、腐葉土に覆われた王国の巨大な城、ゴーメンガーストが

タワー 25。キプロス、ニコシア。ジャン・ヌーヴェルが設計したこの建物は、内部と外部の植栽が融合した好例だ。

描かれている。今日シンガポールでは、いくつかのすばらしい建築物がピークの「植物に包まれた都市」を甦らせている。ただし陰鬱なゴーメンガーストよりもずっと日当たりのよい、緑豊かな建物だ。この構想は、熱帯アジアの大都市の差し迫ったニーズから生まれた。非常に密集した人口をサポートし、住んで楽しい超高層ビルを建設し、都市のヒートアイランド現象を改善し、雨水による浸水を防ぎ、生物多様性を回復させるのがその目的だ。WOHAが設計したオアシアホテルダウンタウンは、この考えを形にした。30階建てのホテルはさまざまな熱帯のつる性植物のからまる巨大なトレリスで覆われ、テラスからは木々が伸び、内部は植物のおかげで日陰ができて涼しい。垂直方向に巨大な生息地が作り上げられているが、そのなかにはいわゆる観葉植物が数多く植えられている。もうひとつ例を挙げると、シンガポールのクー・テック・プアット病院は熱帯植物の繁茂したテラスに囲まれている。[4] マイアミや香港といった都市で現在進行中の変化もヒントになる。鑑賞植物として持ち込まれたイチジクがビルや道路橋の割れ目から発芽し、将来アンコールワット式の都市の迷宮ができあがることを示唆しているのだ。

ステファノ・ボエリが設計したミラノのボスコ・ヴェルティカーレ（イタリア語で「垂直の森」の意）というマンションのように、こういった新機軸は熱帯地方に限ったことではない。新世代の超高層ビルが農場と集合住宅の概念を融合させている。オーストリアの建築スタジオ、プレヒトは、「ファームハウス」というコンセプトを展開させている。室内外に栽培スペースを備えた垂直式の農園で住人が自分の食べる物を育てるモジュール式の住宅だ。

このようなプロジェクトは、植物の新たな役割を作り上げている。植物が建物の基盤と独自性に

シンガポール、パークロイヤルホテル。WOHA の設計による。内部と外部の植栽が融合し、現代的な都市の景観を作り上げている。

不可欠な構成要素なのだ。こういった垂直式の生態環境で、種が植栽に定着し、菌類が多様化し、さまざまな種が太陽、熱、水、養分に反応して、数十年かけて成熟していくのを見るのは興味深い。もし成熟できれば、私たちには想像することしかできない生態の軌道をたどって、都会における緑の野生の峡谷となるだろう。[5] 皮肉なことだが、持続可能な未来を支えるために設計されたこれらの新しい緑の渓谷は、戦争で荒廃したレバノン、ベイルートの中心部の通りに似ている。瓦礫の山ができ、ニワウルシやイチジクの木が茂るなか、爆撃されたバルコニーから観葉植物が伸びているのが見えるだろう。ガラスの破れた窓からアーチ状に伸びるかつて鉢植えだったシンノウヤシ(学名 *Phoenix roebelenii*)、アロエの群れ、赤いペラルゴニウムなどが。

植物の家。ミラノのボスコ・ヴェルティカーレ。ボエリ・スタジオによる設計。

こういったバイオフィリックな手法は、建物の内部や上部の植栽が生息地や保全資源として明確に設計されていれば、さらに一歩進んだものとなる。2020年、環境を持続させる設計を行うテレフォームONEが、ニューヨークでオオカバマダラ（モナーク）というチョウの繁殖を助けるビルの構想を展開した。[6] このモナーク・サンクチュアリは8階建てで、店舗とオフィスで構成されている。しかしビルの目的とアイデンティティは、あくまでもオオカバマダラ（学名 *Danaus plexippus*）の繁殖地および聖域であることであり、「人と植物とチョウが共存する新たな生物群系」と表現されている。オオカバマダラの都市での個体群を支援するのは、屋上、建物裏のファサード、テラスに植えられたトウワタ［オオカバマダラの幼虫の食草］や蜜のある花や、アトリウムや道路側のダブルスキンファサードに設置された繁殖コロニーだ。巨大なLEDスクリーンで、通行人は昆虫の様子を見ることができる。内装材は菌糸体から作られ、光合成を行う藻類の嚢が空気やビルの排水の浄化を助ける。屋上に設置されたソーラーパネルが再生可能エネルギーを生み出し、設備への電力供給を支援する。

モナーク・サンクチュアリは、菌類を原料とした建材や光合成を行う藻類など、さまざまな生命の王国を利用している。観葉植物の定義はすでに明らかにゆるやかになっているが、やがては菌類、コケ類、藻類といった他の生物グループも含まれるようになるだろう。これらは今後数年のうちに家庭内の生活空間に交わり、装飾と生活支援の両方を担うことになるかもしれない。

ドイツ、ハンブルクにあるバイオ・インテリジェント・クォーティエントは、藻類が電力を供給する世界初のビルだ。[7] この5階建ての省エネルギービルは、ファサードに水生微細藻類のタンクを

観葉植物の新世代？　装飾や食料源や燃料として家庭内に組み込まれた藻類。エコロジックスタジオによるインスタレーション。2021年、ヴェネチア・ビエンナーレ国際建築展。

観葉植物の次の定住先。外壁に植物、コケ類、藻類がコロニーを作る。

設置していて、これが成長すると収穫されバイオ燃料として使われる。また、水のタンクがビルを覆っており、太陽エネルギーを集める。温められた水は直接給湯や暖房に使われたり、ボアホール型熱交換器を使って地下に貯えられたりする。将来的には、藻類を養殖して食料や肥料にしたり（理想を言えば、建物の内外の景観に利用できればもっとよい）、汚染された空気をろ過するのに活用されたりといったことが考えられる。各タンクの藻類はある程度成熟すると収穫され、バイオガスに利用される。これを燃やせば冬期の暖房にも使える。

このプロジェクトに使用した藻類は、近くのエルベ川から集めた「天然もの」である。観葉植物で実証された栽培化のパターンに従うと、生理的な効率性や審美的効果のある色を求めて選別がなされ、急速な栽培化が進むと予想される。インテリアデザイナーのヒョンソク・アンは、これを見込んで２０１９年にアパートや家を装飾するための屋内藻類農場を設計した[8]。16個の立方体のアクアリウムが壁掛け式のフレームに収まる構造で、各アクアリウムには生きた藻類が入れられ、成熟するにしたがって色が変わっていく。フランスの生化学者ピエール・カレジャは、「スモッグを食べる」街灯を試作した。これは生物発光する藻類を使って、二酸化炭素を吸収し酸素を生成しながら通りを照らすというものだ[9]。

同様に光合成を行うコケは、生活空間の空気を浄化するのに使われている。この太古からの生命体は、部屋の装飾にもなるし、空気の浄化もできる（ただし室内装飾用にと宣伝されているコケの壁の多くは、死んだハナゴケという地衣類をさまざまな色調の緑色に染めたものだ[10]）。コケは汚染物質、とくに黒色炭素を大量に吸収してくれる。温室効果ガスになる可能性が高く、人間の健康にも有害な物質だ[11]。

バイオ技術を利用したコンクリートを使えば、コケ、地衣類、シダのコロニー形成を促して、生物の育たない不毛な壁を生物が育つ場所に変えられるかもしれない。スペインのカタルーニャ工科大学（バルセロナ工科大学）は、雨水を集めて貯えるバイオ層を持つコンクリート開発という革新的な研究を行っている。これによって湿った生育環境が生まれれば、微細藻類や菌類、地衣類、コケ類が育つ[12]。同様に、インド、ムンバイのスクール・オブ・デザイン・アンド・イノベーションは、土、セメント、炭、ヘチマ繊維を混ぜたレンガを開発した。外壁に植物や昆虫のコロニーを誘因する建物を作ることが目的だ[13]。

ここから新たな園芸が始まる。すなわち家の壁を緑化し、自然のコロニーによって新しい生息地を作るというわけだ。家の向き、湿度、大気の汚染物質によって各壁の生態系は異なる。さらに洗練された域を目指すなら、家の壁を飾るコケ、藻類、地衣類の配分を選ぶ。園芸で流行発信しエリート意識を持つという新たな世界の幕開けだ。

ニューヨークのデザインスタジオ、「ザ・リビング」は未来をのぞかせてくれる。このスタジオは2014年、クイーンズ区に高さ13メートルのタワー3基からなる「ハイファイ」という建物を造った。使用した1万個のレンガは植物性廃棄物と菌糸体でできている。生きた、最終的にはリサイクル可能な建物だ。[14] 3か月後、タワーは解体され、レンガは堆肥にされて地域の公園で使われた。

分子科学は大きな影響力を持つ発展性のある分野になった。ゆえに次世代の観葉植物は、芸術家、技術者、園芸家が分子遺伝学という非常に有効なツールを使って開発することになりそうだ。ブラジル系アメリカ人の芸術家、エドゥアルド・カッツは芸術の定義を拡大し、新たな生物学的存在とも言える遺伝子組み換え芸術を作り出した。[15] 彼はプロジェクト「エニグマの自然史」(2009年)で、自分のゲノムから取り出した遺伝子をペチュニアの増殖細胞に組み込み、その植物を育てて展示品とした。このありふれた、基本的に「安価で陽気な」花壇用の植物が、今や人間のタンパク質を作り出しているのだ。恐ろしいことにカッツの交配種は科学者や園芸家ではなく芸術家が作ったものであり、この新たな作品はこれまでの交配の手順を破壊するとともに加速するだろう。カッツは「神聖なる」境界を越えた。まさに多くの点で、トマス・フェアチャイルドの18世紀の育種実験を再現したのだと言えよう。フェアチャイルドは自分の魂が危険にさらされるのではないかと畏れたが、カッツはそのジレンマを楽しんでいるように見える。

カッツがペチュニアを選んだのは、よく研究用の「実験台」に使われる植物だからということも

ロンドン、シンプソンズ・オブ・ピカデリーに展示されていたテレンス・コンランのインテリアデザイン。1949頃～56年。ナイジェル・ヘンダーソン撮影。

あるだろうが、彼はこの植物が普通に販売されている商品で、毎年夏になると100万本単位で植えられ、平凡でありながら手に負えないところがある点も認識している。2015年、フィンランドの植物学者、ティーム・テエリは、夏に植えられたペチュニアが鮮やかなオレンジ色の花を咲かせているのを見て、30年前に作られた遺伝子組み換え品種を思い出した。この手の遺伝子組み換え植物はヨーロッパでは違法である。遺伝子組み換えペチュニアはうかつにも育種計画に組み込まれ、園芸市場に出回ったのだった。結果的に、2017年までにおそらく数十万株の違法ペチュニアが廃棄された。ペチュニアは私たちが直面している課題の完璧なメタファーだ。1830年代にさかのぼる長い栽培の歴史を持ちながら、分子レベルの植物育種のリスクと可能性がそこには示されている。遺伝子組み換えペチュニアが生態系や人間の健康に影響を及ぼした証拠はない、あるいはほとんどないものの、「2017年の遺伝子組み換えペチュニアの大虐殺」は、植物育種プログラムには大きな穴があり、論争を引き起こす可能性があることを示している。[16]

もうひとつ乗り越えるべき障壁は、生命体と自動システムの融合だ。芸術家のサシャ・スパチャルは、テラリウム（現代のウォーディアンケース）を使用し、「7K：新しい生命の形」（2010年）という作品で、人間と植物と菌類の生理的プロセスにおいて交わされるコミュニケーションの可能性を探究した。[17] 7K、つまり第7の王国とは、スパチャルによれば新たな進化を遂げた王国で、人間のアイデア、ツール、ニーズを表現する生物の王国だという。第7の王国はすでにバイオハイブリッド・ロボット工学によって到来している。植物の根、茎、葉、維管束の回路は、成長と機能を制御する化学信号を送っている。研究者はこういったシステムに注目し、電気回路と比較している。たとえばスウェーデンの科学者グループは、生きた植物の組織から電気回路を作ることに成功した。[18] 科学者と技術者はすでに植物や菌類を自動化された建設作業や建物の物理的構造に組み込む方法を探究している。[19]

マサチューセッツ工科大学（ＭＩＴ）の研究チームは、植物ナノバイオニクス［ナノ粒子を植物に埋め込んで植物に新たな特性を付与する研究］の旗印のもと、ナノ物質を植物に組み込んで光合成効果の向上や汚染物質の監視といった新たな機能を持たせる研究をしている。[20] ＭＩＴの植物ナノバイオニクスチームと観葉植物産業との未来のコラボレーションを示唆したプロジェクトもある。暗闇で光る植物だ。一見風変わりなプロジェクトだが深い意味がある。ＭＩＴチームはツチボタルを発光させる自然界の酵素系（ルシフェラーゼ系）を利用した。酵素系をさまざまなナノ粒子のキャリヤーに取り込ませ、それを生きた植物に組み込んだのである。さらに研究を進めれば、光の量を増やし持続時間を延ばして、ひょっとしたら1回の処理で植物が生きている間ずっと効果を維持できるかもしれない。ハリー・ヴィーチがこの技術を使えたとしたら、彼がどうするかには疑問の余地がない。自慢の商品として、ベッドサイドに置く光るストレプトカルプス属と、暗闇で光るチリマツの並木道をカタログに載せていただろう。

ＭＩＴの技術者は、植物の組織に埋め込まれたカーボンナノチューブ製センサーを使って、損傷、感染症、光害といったストレスに対する植物の反応を追跡する方法を開発した。過酸化水素レベルを感知するセンサーが葉の内部の生態ストレスを伝え、組織の修復を促進し昆虫や菌類に対する防衛メカニズムを活性化するのだ。過酸化水素のレベルは、超小型コンピュータ「ラズベリーパイ」

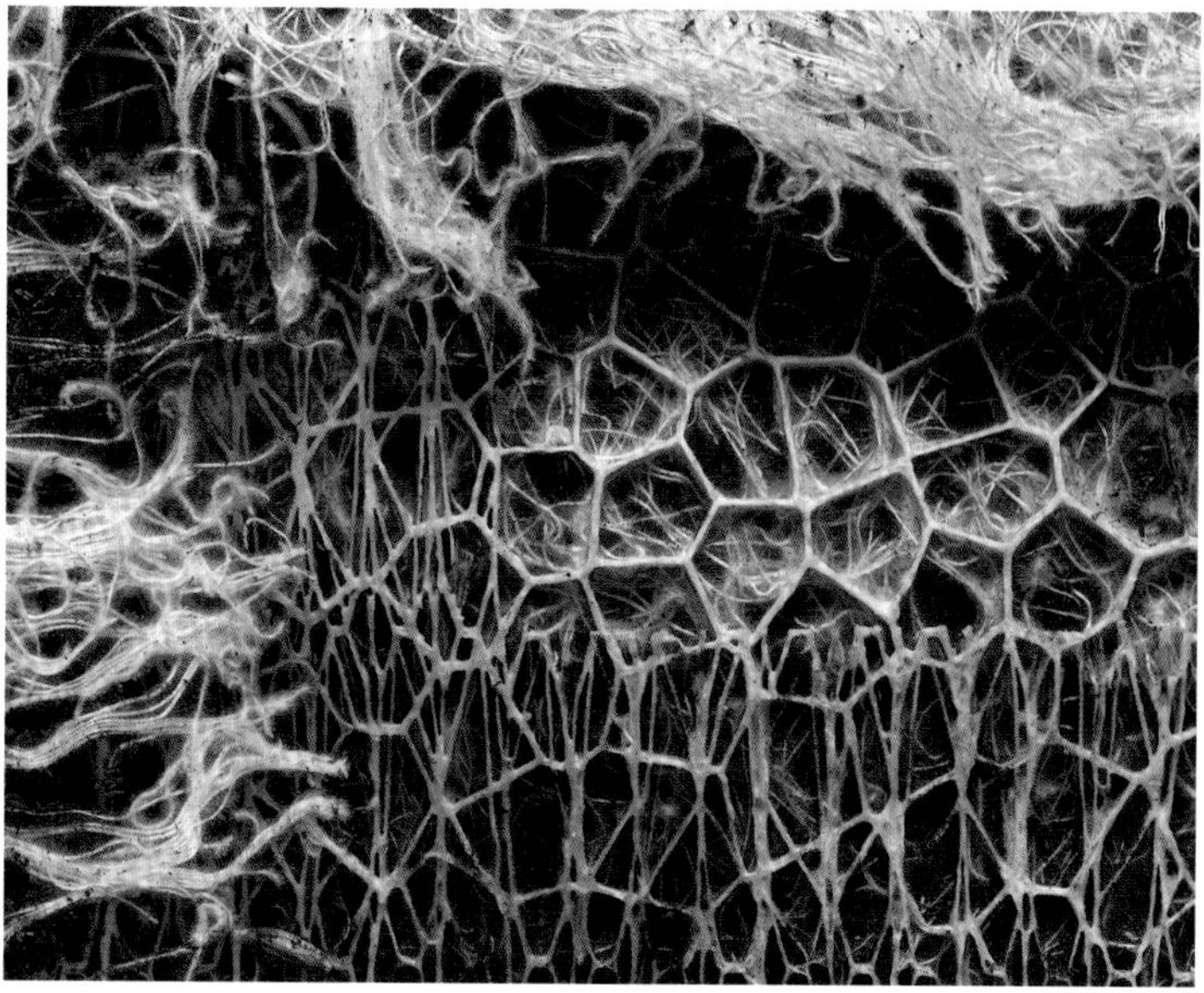

成長した繊維の根の組織。ダイアナ・シェーラー、「織り交ぜられたもの」（ルートシステム・ドメスティケーションの習作）、2018年、根と土。

に取りつけられたカメラで監視され、スマートフォンにメッセージを送ることも可能だ。[21] あなたのスマートフォンに、またひとつストレスのもとになるアプリが加わることになる。観葉植物があなたに電話してくるのだから。

ＭＩＴと同様に、ニュージャージー州のラトガース大学は、水不足で枯れがちな観葉植物への解決策を開発した。「フローラボーグ」と呼ばれる車輪のついた植木鉢が、大学の廊下をいくつもうろついているのだ。[22] そのひとつひとつに植物が必要とする環境、つまり光と水といった条件を満たすための装備が組み込まれている。鉢の側面のソーラーパネルが光を感知し、バッテリーに充電し、内蔵された小型コンピュータと通信して、もっとも明るい場所に植物を向かわせる。鉢

ダイアナ・シェーラー、「育てる研究」、2012年、土、種子、写真撮影。

内部の水分検出器は水分が不足するコンピュータに警告を発して一番近い冷水器まで誘導し、通りかかった学生に灌水の必要があると知らせる。中国のヴィンクロス社は、6本脚のカニのようなロボットを作り、鉢植えの植物が日当たりのよい場所に移動できるようにしている。また、MITメディアラボが作った「エロワン」は、電極を使って植物の情報を直接得る。電極はカルシウム量の変化に反応し、ロボットの移動装置と通信する電気を発生させる。

「崇高なるものの復活」（2019年）と銘打った共同プロジェクトでは、芸術家のアレクサンドラ・デイジー・ギンズバーグ博士、匂いの研究者シセル・トラースとギンコ・バイオワークスのチームがタイムマシンを作った。[23] 20世紀初頭にハワイの山の斜面で発見されたのが最後となったヒビスカデルフス属（Hibiscadelphus）の絶滅種の香りを甦らせたのだ。植物標本室に保管されていた絶滅種のDNAを採取し、チームは合成生物学を利用して香りの遺伝子配列を再合成した。この配列が香りを再構築する指針となった。次のステップでは、生きた観葉植物にそういった遺伝子配列を組み込むのだろうか。

観葉植物と私たちの関係は、環境や野生生物の多様性と私たちの関係の縮図だ。私たちは崇高なもの、驚嘆すべきものを作り出せるツールをどんどん開発している。私たちは絶滅して久しい植物の香りを再現し、暗闇で光る植物を作り、生きた植物の組織とセメントから作った未来の建物を計画することができる。私たちは驚異と論争の時代に近づきつつある。

窓台で育つ観葉植物は、それぞれがより大きな世界とつながっている。彼らは植物研究の歴史と植物育種と遺伝学の発展を体現している。この400年間、私たちは植物の栽培化における世界でもっとも多様な実験を行い、芸術とテクノロジーを通して野生植物の生体構造と生理機能を変化させてきた。観葉植物ビジネスを支配しているのはいまだに目新しい植物だし、目新しい植物が境界を越えることは奨励されている。ふたつの花の単純な交配しかり、放射線を使って新たなセントポーリアを作ることしかり、人間の遺伝子をペチュニアに組み込むことしかりだ。私たちが家に持ち込む植物との共進化は、エコロジー、倫理、経済的変化とともに、転換し続けることだろう。

第6章　絶滅寸前の野生種

店で購入したセロファンに包まれたエケベリア属（Echeveria）やセントポーリアから、その野生の祖先を連想するのは難しい。スーパーで買う鶏肉がジャングルの野生の鳥と違うのと同じくらい、栽培化された観葉植物と先祖とは異なる場合がある。何十万、いや何百万と繁殖させ販売されている観葉植物が、絶滅した、あるいは絶滅の危機に瀕している野生の個体群の子孫だという可能性もある。そのような観葉植物は、ヤギや山火事や農地化によって失われた風景の名残であったりする。

新しい植物群が発見されると一部の園芸家が野生種を求め、脆弱な野生の個体群がハゲタカのような商業コレクターにさらされることになるのは歴史が物語っている。19世紀と20世紀のランや多肉植物の商業コレクターはこの山賊的行為の典型で、殺害の脅迫、暴行、ペテンと嘘、委託の妨害、さらには高値を確保するために野生株の破壊までして、自分たちの生計手段を守った。採集物はトン単位でヨーロッパやアメリカの市場に送られたが、枯れる割合が非常に高かった。悲しいことに、

着生植物のシャコバサボテン（スクルンベルゲラ属）は、ブラジル、リオデジャネイロ近くの危機に瀕した山地性森林原産である。

いまだに野生の植物を違法に高値で買おうとする客がいる。[1]商用繁殖されている植物のほうが簡単に入手でき、栽培もうまくいくのに、傷だらけの野生植物には危険な魅力があるのだ。[2]

比較的最近まで、野生の球根、サボテン、多肉植物、食虫植物、アナナスが、合衆国やヨーロッパのアマチュア市場で大量に販売されていた。CITES（絶滅のおそれのある野生動植物の種の国際取引に関する条約、通称ワシントン条約）を国際法として導入したことが、この有害な取引の規制や、魅力的な植物の園芸生産を促進するのに非常に役立っている。[3]今日、ガランスス属（Galanthus）のスノードロップといった人気の園芸植物の取引は、ほとんどすべてが栽培種で行われている。店で売られている観葉植物の大多数は商用栽培されたもので、もはや盗掘してきた野生種に頼る必要はないが、多肉植物のような高価な植物については、野生株でないかどうかを常にチェックしたほうがよい。

人気の観葉植物の多くは、「生物多様性のホットスポット」とされる地域の原産である。この小さな不思議な地域は、高レベルの特異性（固有性）と高レベルの生息地破壊の両方の特徴を併せ持つ。[4] たとえば、ブラジル南部の大西洋岸森林生物多様性ホットスポットは、グロキシニア（学名 *Sinningia speciosa*）やシャコバサボテン（スクルンベルゲラ属 Schlumbergera）の原産地である。セントポーリアは代表例だ。これはタンザニアとケニアの国境地帯に広がる東アーク山脈の固有種である。この山脈は乾燥した低地の上に位置し、驚くほどの鳥類、爬虫類、哺乳類、植物が生息する生物多様性のホットスポットだ。[5] サイントパウリア属（Saintpaulia）の野生種を研究した最初の植物分類学者は、エディンバラ王立植物園のビル・バートだった。彼は比較的少数の植物標本を研究して計20種を識別した。[6] 最初の研究以来、野外での採集数は増え、調査データは大幅に改善され、この植物の自然変異と生態への理解が深まっている。これが分子系統学と組み合わさり、遺伝学を利用して植物群の進化を割り出し、セントポーリアの生態と保護についてより詳細な情報を提供することができた。最近の研究で6種の野生種が確認され、さらに2種がタンザニアのウルグル山地で最近識別されている。[7]

栽培種のサイントパウリア・イオナンタ（学名 *Saintpaulia ionantha*）の野生の祖先は、地域的にも高度的にももっとも広い範囲に生息しており、すぐに絶滅の危機にあるわけではないが、20世紀初頭からかなり生息地を失っている。近縁種はもっと事態が深刻だ。たとえば、サイントパウリア・テイテンシス（学名 *S. teitensis*）の生息地はケニア南部のタイタ丘陵の森の小さな区画に限定され

絶滅がもっとも危惧されているセントポーリアのひとつ、サイントパウリア・テイテンシスは、タイタ丘陵（ケニア）の森林の狭い地域で生き延びている。

ていて、野生の個体群はすべて1平方キロに満たない地域に集中している。[8] もうひとつ、タンザニアのウルグル山地に生息するサイントパウリア・ウルグレンシス（学名 *S. ulugurensis*）は、野生の個体数が30株に満たず、生息地は5平方メートルの区域ただ1か所と考えられている。[9]

野生のサイントパウリア属はすべて絶滅の危機にある。原因はケニアとタンザニアの急速な人口増加と農地、木材、木炭、セメント工場のための石灰石の需要増加で生息地が減少したことだ。気候変動によりこの地域の気温や降水量が影響を受けた結果、絶滅はさらに加速したように思われる。[10]このことは植物の商取引と、原種やそれにかかわる野生の多様性との関係を見えにくくしている。取引される他の鑑賞植物――たとえば中米のエアプランツ、ハナアナナス属（Tillandsia）やマダガスカルの多肉植物など――と異なり、セントポーリアの野生種には破壊的な大量採集は行われていない。しかし野生の遺伝子は商業育種に利用されてきた。たとえばサイントパウリア・グロテイ（学名 *S. grotei*）（現在はサイントパウリア・イオナンタの亜種と認識されている）は１９５０年代に匍匐性の栽培種を作るためにサイントパウリア・イオナンタと交配された。

最近の系統発生学の研究により、植物学用語ではサイントパウリア属はストレプトカルプス属（Streptocarpus）の一部であることが判明し、植物学用語ではストレプトカルプス属に「沈んだ」ことになる。[11] これは「セントポーリア」や「アフリカスミレ」という呼び名が、おそらく通称、もしくは園芸名としては使われるが、科学用語ではサイントパウリア・イオナンタが今ではストレプトカルプス・イオナンスス（学名 *Streptocarpus ionanthus*）になったことを意味する。植物学的正確さと引き換えに歴史が失われたのは、ある意味悲しいことだ。おそらくもっと深刻なのは、自然保護活動家が、遺伝的独自性と地理的範囲の狭さの両方を鑑みて植物と生息地を保全する優先順位をつけるべきだという主張に、固有属であることを前提としている点だろう。サイントパウリア属は非常に脅かされている魅惑的なウサンバラの森にとって愛らしく影響力もある重要な種だったが、ストレプトカルプス属になった今、その役割はおそらく減少している。

アフリカの角［アフリカ東端の突き出た地域］は生物多様性のホットスポットだが、その一部、イエメンの沖合にある神秘的なソコトラ島原産の魅力的な観葉植物がふたつある。ほとんど伝説と言っていいほどのこの島で１４０年以上前に採集されたこれらの植物は、ヨーロッパや北米の園芸センターで売られているもっとも人気の装飾植物の遺伝子に影響を与えている。まず、愛らしいエキザクム・アフィネ（学名 *Exacum affine*）は、１８８０年にアイザック・ベイリー・バルフォアがこの

エキザクム・アフィネ。乾燥したソコトラ島で採集された。

島で発見した。彼は当時グラスゴー大学の植物学の欽定教授で、のちにエディンバラ王立植物園の園長を務めた人物である。この花は人気の観葉植物になった。

　同じ探検で発見された2番目の植物、ベゴニア・ソコトラナ（学名 *Begonia socotrana*）は、その後冬に多くの花を咲かせるベゴニアを作るのに使われた。当初、これは絶滅の危機に瀕していると考えられたが、最近の実地調査でソコトラ島に比較的多く存在し、北側の岩の割れ目に隠れるように生育していることがわかった。[12] このベゴニア・ソコトラナはバルフォアによってキュー王立植物園に送られ、1880年の冬に花を咲かせた。そこからこの植物はヴィーチ商会に送られ、1882年に販売が開始された。ヴィーチ商会のジョン・ヒールは、このピンクの花を咲かせる種の将来性を見抜き、メキシコの種であるベゴニア・インシグニス（学名 *B. insignis*）と最初の交配を行い、その結果、1882年

ハワイ、カウアイ島北岸に生息する最後の野生のブリガミア・インシグニスのひとつ。

に栽培種「オータム・ローズ」が開花した。次はベゴニア・「バイカウンテス・ドネライル」（学名 *B.* 'Viscountess Doneraile'）と交配して「ジョン・ヒール」と名づけられた（非常に的確な名前だ）が、交配したのはヴィーチの別の育種家ジョン・セデンである。[13] こういった初期の交配が、リーガー交配種のような人気の新たな栽培品種を生み出す下地となったのである。

熱帯の島、ハワイ諸島は比較的新しい観葉植物ブリガミア・インシグニス（学名 *Brighamia insignis*）の故郷だ。ハワイ語でアールラ、オールル、プア・アラといった美しい名で呼ばれており、西洋の平凡な「火山ヤシ」、「バルカンヤシ」といった名や、「棒つきキャベツ」などという身も蓋もない名前とは対照的だ。[14] 目を見張るような姿（人によっては奇妙だというかもしれない）のアールラはキキョウ科の仲間で、長い茎の上にご指摘のとおりキャベツのような冠状の葉が生え、そこから美しい、非常に香りのよい黄白色の花が咲く。かつてはカウアイ島やニイハウ島の崖にたくさん生えていたが、2012年以降、野生の株は目撃されていない。幸いなことにカウアイ島の国立熱帯植物園（NTBG）の自然保護活動家が株と種子を採集し、栽培に成功した。1980年代に種子がNTBGから世界中の植物園に送られ、最終的に観葉植物として取引されるようになった。[15] えり抜きの栽培品種「クリステン」はヨーロッパの市場で入手でき、みごとなずんぐりした茎を持つパキカウル［幹や茎が肥大した植物］に成長するが、ハダニを強く引き寄せる性質がある。[16]

ハワイに固有の植物は、拡大するサトウキビ畑の上の山にしだいに生息地を限定されるようになっているが、熱帯園芸家のグループは熱帯の砂糖島の象徴ともいうべきハイビスカスを交配していた。熱帯のハイビスカスであるヒビスクス・ロサ・シネンシス（学名 *Hibiscus rosa-sinensis*）は最初は熱

ハワイ、国立熱帯植物園が繁殖させたブリガミア・インシグニス。

帯の庭に育つ低木で、人気の観葉植物となったが、栽培の歴史は驚くほど不明瞭だ。原種はヨーロッパ人が接触する前にアジアからポリネシアにかけて広く人為的に広められており、おそらく長く交配されてきた大昔からの栽培品種と思われるが、起源はまだ確認されていない。[17]

初期のハワイの育種家は、スリランカやフィジーやモーリシャスといった他の砂糖島の仲間とともに、絶滅寸前の神秘的なハイビスカスの種のいくつかを交配し、現存する観賞用の交配種を作り上げた。彼らの園芸への関心と植物園や大農場のネットワークのおかげで、熱帯のハイビスカスを交配する珍しい機会が生まれた。すでに1820年代には、アイルランドの植物学者で当時モーリシャス総督だったチャールズ・テルフェアが、ヒビスクス・ロサ・シネンシスをマスカリン諸島の固有のハイビスカスと交配し、その結果生まれた交配種をイングランドのロバート・バークレーの種苗園に送っていた。ハワイでは、ハイビスカスの交配は1870年代にさかのぼる。このときハワイ総督アーチボルド・スコット・クレグホーンが12の新たな栽培品種を開発した。もうひとりの育種家はハワイの外務大臣の（1890〜91年）ジョン・アダムズ・クアキニ・カミンズで、彼は太平洋原産のヒビスクス・クーペリ（学名 *H. cooperi*）をアフリカ原産のヒビスクス・シゾペタルス（学名 *H. schizopetalus*）とかけ合わせた。しかしハワイでの育種が本格的に始まったのは、農園主階級が出現してからのことだ。彼らは政治的人脈と影響力を持ち、園芸と博物学を愛する人々のネットワークだった。20世紀初頭から彼らはヒビスクス・ロサ・シネンシスを、ハワイの固有種で香りのよいハイビスカス——美しいヒビスクス・ワイメアエ（学名 *H. waimeae*）など——や、東アフリカの近縁種（ヒビスクス・シゾペタルス）、マスカリン諸島の種——おそらくヒビスクス・

ヒビスクス・シゾペタルス。アフリカ東海岸原産で、栽培種に寄与した野生種のひとつである。カーティス・ボタニカルマガジン106巻（1880年）より。

熱帯庭園のハイビスカス。世界でもっとも希少な植物の遺伝子を含む複雑な人工交配種である。

絶滅寸前のヒビスクス・リリイフロルス。インド洋ロドリゲス島の固有種。

ボリアヌス（学名 *H. boryanus*）やヒビスクス・リリイフロルス（学名 *H. liliiflorus*）など――、南太平洋の種――新たに発見され、当時「ハッシンジャー夫人」と呼ばれていたヒビスクス・マクヴェリィ（学名 *H. macverryi*）や神秘的なヒビスクス・クーペリなど――と交配した。[18]そういった初期の育種計画にリストされた種のひとつ、ヒビスクス・リリイフロルスはマスカリン諸島の小さなロドリゲス島固有の種で、この島で野生の個体は一時3株しか確認されなかったが、モーリシャス野生生物基金による保護活動で救われた。この美しい赤い花の咲く植物は、オオコウモリが授粉することで知られる唯一のハイビスカスだ。

　フィジーの最近の実地調査は、ヒビスクス・ロサ・シネンシスとの交配に使われたいくつかの野生種の身元に関する疑問を解決するのに役立った。[19]　1860年にヒビスクス属の新種ヒビ

フィジー原産のヒビスクス・マクヴェリイはハイビスカスの栽培化に貢献している。もっともこの種が野生で発見されたのは最近のことである。

スクス・ストルクキイ（学名 *H. storckii*）が発見されたが、2016年まで再び発見されることはなかった。この種を再発見すべくレックス・トムソンによって開始された実地調査の間に、さらに3つの新たな固有種が発見された。ヒビスクス・ベンネッティィ（学名 *H. bennettii*）、ヒビスクス・ブラグリアエ（学名 *H. bragliae*）、ヒビスクス・マクヴェリイである。すべて絶滅寸前の状況だった。ヒビスクス・ストルクキイがハイビスカスの育種に貢献したという証拠はないが、3つの「新しい」種すべてがさまざまな名でフィジーから広がりハワイやフロリダで育種に利用されていたことが判明した。つまり、世界でもっとも絶滅の恐れのある植物のいくつかの遺伝子が、私たちの温室や庭に育つ熱帯のハイビスカスに貢献していたことになるのだ。

キンシャチ。野生では絶滅寸前だが、鑑賞用に広く栽培されている。

昔から多肉植物は、園芸取引のための乱獲によって大打撃を受けてきた。サボテンのすべての種の約30パーセントが絶滅の危機にあり、その約半分が園芸取引や違法採集によって脅かされている。[20] しかし商取引されているサボテンの種子を最近分析したところ、野生種に由来するものはごくわずかであることが判明した。[21] メキシコ産のキンシャチ（学名 *Echinocactus grusonii*）は100万株単位で殖やされる、北部の気候ではおそらく短命に終わる一般的な観葉植物だが、世界でもっとも絶滅の危機にあるサボテンのひとつだ。野生の個体群はふたつしか知られていない。最初に発見されたのはメキシコのケレタロで、違法採集とダム建設による生息地の喪失で深刻なダメージを受けた。ふたつ目のもっと大きな野生の個体群は、最近になってサカテカスで発見された。[22] ケレタロからキンシャチと他の多肉植物を救出すべく、メキシコの植物学者たちによって大規模な救出作業が行われ、キンシャチも含めた全部で

絶滅寸前のキンシャチの商用繁殖。

4万8000株の多肉植物が、新たな水位より上の安全な場所に移植されたり、栽培繁殖個体群を作るためにメキシコの植物園に運ばれたりした[23]。

メキシコ原産で人気のあるもうひとつの多肉植物は、トックリラン（学名 *Beaucarnea recurvata*）だ。これは降水量の少ないテワカン渓谷に生息地が限定されている。複数の茎を持つ大型の多肉植物で、高さ10メートルにも達することがある。観葉植物にしてはひょろっとしていて、コナカイガラムシが1～2メートルの範囲に散ることがある。この種はカナリア諸島、カリフォルニア、タイの種苗園で何十万株にも殖やされている。メキシコの野生種は絶滅の危機に瀕し、国際自然保護連合種の保存委員会によって「絶滅危惧IA類」に分類されている[24]。植物の違法採集、都市の拡大、乾燥した低木林地での放牧過多によって、80パーセント以上の野生個体数が減少している。採集された野生のトックリランは、商用種苗園に落ち着き、メキシコ内外で利用されて

成長したトックリラン、メキシコ原産、マイアミ。

きた。しかし、園芸生産が大規模かつ効率的に行われていることから、メキシコ国外で観葉植物として購入されたトックリランは、種苗園で合法的に育てられたものだということになる。

アフリカ南部のケープ生物多様性ホットスポットは、地球のもっとも注目に値する植物集団を抱えている。9万平方キロのホットスポットに約9000種が存在しており、その70パーセントが固有種で、アフリカの植物全種の25パーセントを占めているのだ。これは驚異的な数字だ。これらの種の多くは、ペラルゴニウム、フリージア、ストレプトカルプス、オリヅルラン、クンシラン、ケープヒースなど、大人気の観葉植物になった。19世紀初頭にケープヒース熱が冷め、新たな植物に人気が移ると、植物園や商用種苗園や個人の保有するコレクションは急速に減少していった。いくつかの種はとどまり、時折イギリスの種苗園で見かけられることもあった。たとえば冬に咲くエリカ・グラキリス（学名 *Erica gracilis*）などだ。輪生ヒースのエリカ・ヴェルティキラタ（学名 *E. verticillata*）も生き延びたひとつで、かつてはイギリスの種苗園で栽培され入手できたが、野生種はおそらく20世紀半ばには絶滅したと思われる。この植物は「生ける屍」になるのを免れ、野生で絶滅した種の最後の個体群が植物園に避難しているものの、野生に戻せる望みはほとんどない場合が多い。「生ける屍」の例としては、ラパヌイ島のソフォラ・トロミロ（学名 *Sophora toromiro*）、ハワイのコキア・クーケイ（学名 *Kokia cookei*）、南アフリカのエンケファラルトス・ウーディイ（学名 *Encephalartos woodii*）がある。これは雄株のクローンだけが生き延びている。[25]

ケープ・ヒース、すなわちエリカ属（Erica）はケープ地方でも注目に値する植物で、世界のエリカ属840種のうち680種がケープ地方の固有種である。花が大きく色も華やかで、冬に花を咲かせることから、この植物は短期間ではあるが園芸界にブームを巻き起こした。[26] 1787年から95年にかけて、キュー王立植物園は収集家のフランシス・マッソンから86種のエリカ属の種子を受け取った。これに新たな種がさらに加わり、18世紀の終わりには約150種が栽培されるようになっている。ヨーロッパは明らかに「ケープ・ヒース熱」に見舞われたのだ。1826年、スコットランドの植物収集家でエディンバラ大学のギリシャ語教授だったジョージ・ダンバーは彼のヒース園で栽培した344種のエリカ属を自慢している。エディンバラ王立植物園のウィリアム・マクナブは紛れもない権威で、『ケープ・ヒースの繁殖、栽培、全般的な世話について *A Treatise on the Propagation, Cultivation and General Treatment of Cape Heaths*』(1832年)の著書がある。

新たな種が栽培されるようになると、園芸家はさらに交配を進めた。ヨーロッパの温室や種苗園には、新種と交配種が混沌として入り乱れ、間違ったラベルを貼られた植物がかなりあったことは否めない。他の流行と同じく、波が引くのはあっという間だった。冬に腐りやすいという脆弱さや、ケープ地方の球根など新たな流行が生まれてきたことで、エリカ属のコレクションは多くが処分された。1874年にジョセフ・フッカーが次のように述べている。「現在の最高のコレクションは、ウォバーン、エディンバラ、グラスゴー、キューのかつて華々しかったエリカの亡霊だ」

しかし、エリカ・ヴェルティキラタの株は栽培で生き残った。1786年、オーストリア皇帝ヨーゼフ2世は王室コレクションの植物を採集させるために、園芸家フランツ・ブースとゲオルク・ショルを熱帯地方に派遣した。1787年にブースが最初に運んだ荷のなかには、10箱の植物、2頭の生きたシマウマ、11匹のサル、250羽の鳥がいた。ショルはさらに14年間南アフリカにとどまり、

HEACOCK'S KENTIAS

Joseph Heacock Company

WYNCOTE, PENNSYLVANIA

One of the Palm Houses at Wyncote—Hundreds of "Palms that Please"

ペンシルヴェニア州ウィンコート、ヒーコック種苗園のヒロハケンチャヤシのカタログ。種子はオーストラリアのロード・ハウ島から輸入していたようだ。1912～13年。

オーストリアに種子や植物を船便で送った。そのなかにはエリカ・ヴェルティキラタの種子も含まれていた。結果的に栽培された植物はヨーロッパのエリカ・コレクションの衰退を生き延び、さらに重要なことには第2次世界大戦も生き延びた。2度の世界大戦はヨーロッパの植物コレクションに壊滅的な影響を与えた。園芸スタッフは戦地に送られ多くは生きて帰れなかったし、石炭不足で温室は温められず、庭園は食料生産に転用された。爆撃されたり、燃やされたり、食料を求めて襲撃されたり略奪されたりしたコレクションもある。しかし、戦争で破壊されたウィーンが極度の窮乏状態に陥っていたにもかかわらず、輪生ヒースは奇跡的に生き延びた。

1980年代に南アフリカの園芸家、デオン・コッツェが種の捜索を開始した。探索先は南アフリカの灌木植生地域や庭園からヨーロッパと北米の種苗園や温室へと広がった。当初コッツェは南アフリカを探し回り、プレトリアのプロテア園で栽培されている株を探し当てた。そして3株のうち最後に生き延びた個体から挿し木が採取された。この挿し木から生まれたクローンは「アフリカン・フェニックス」と名づけられた。キュー王立植物園からも株が見つかったが、その後実を結ばない交配種であることが確認された。優れた園芸家としての眼識と直感に優れたアドニス・アドニスは、キルステンボッシュ国立植物園の隅の空き地に生えている輪生ヒースを見つけた。これはエリカ・コレクションの生き残りで、おそらく約70年前のコレクションから種がこぼれて生えたものだろう。1917年、これを基に作られたクローンのうちひとつは発見者にちなんで「アドニス」と名づけられ、もうひとつは元のコレクターにちなんで「ルイザ・ボラス」と名づけられた。

この探索中に、エリカ属の専門家エドワード・ジョージ・ハドソン・オリヴァー博士が、オーストリアのシェーンブルン宮殿でこの植物を見たことを思い出した。その後、株は南アフリカに帰国し、4番目のクローン「ベルヴェデーレ」が仲間に加えられた。これらの株はブースとショルのオリジナルコレクション以降ウィーンで栽培され、第2次世界大戦の爆撃や燃料不足を生き延びたものだ。合衆国（カリフォルニア州のモンロヴィア種苗園）とイギリス（シリー諸島のトレスコ・アビー庭園）ではさらなる株が発見された。全部で8つのクローンはこの種を回復させるための基となる株であることが確認され、ケープタウンのキルステンボッシュ国立植物園で栽培された。

最初の試験的再導入は1994年にロンデヴレイ自然保護区で行われた。テーブルマウンテン国立公園のなかにある砂地の灌木植生地域だ。この試みは、種にとって最良の生息地を特定し、野生の授粉媒介者の存在を確認するのに役立った。その後、株は野生の環境で種子を作り、その結果できた苗が近くのボトムロード・サンクチュアリに植えられた。2005年にはケープタウンのケニルワース競馬場にも植えられ、その後苗が育った。さらにトカイの砂地の灌木植生地域にも個体群が定着した。[27]

ヴィクトリア時代には家のなかの有毒な空気にも耐えられる丈夫な植物が発見された。悪名高いハランはそういった負けない植物のひとつだ。南太平洋のロード・ハウ島原産のヒロハケンチャヤシ（学名 *Howea forsteriana*）も、その丈夫さで人気となった。捕鯨産業が衰退した1880年代以降、ヒロハケンチャヤシの種子は欧米の種苗園や観葉植物向けの輸出作物としての重要性を増していった。これはヴィクトリア時代の応接間や温室の涼しい温度にあらかじめ慣らされており、空気の悪さや日光不足にも耐えられ、育種場による大量生産が可能な種子が安定して入手できると好評だった。「ヤシほど簡単に育って強い植物はない。埃や、観葉植物が受けがちな苦難にも、開けた窓から入る寒さにも、かまどやガスからの予期せぬ熱にも耐えてくれる」[28]

このヤシは数えきれないほどのホテル、リゾート、豪華客船（タイタニック号など）を美しく飾り、ヴィクトリア時代の堅苦しくてとりすました何千枚もの家族写真を飾った[29]。1906年にロード・ハウ島にケンティア・パーム種苗園が設立され、以来、種子の収穫は商業的に管理されている。1980年代まで輸出は種子のみだったが、それ以後は苗も売られるようになった。種子は野生の株と栽培している採種園の両方から集められ、根つきの苗として出荷され、収益は島の保護に使われる。ロード・ハウ島は年に約37万5000本の苗を輸出している。1928年には約1366万6500個の種子が収穫され、ヨーロッパとアメリカに輸出されていた。島の種苗園は、現在南アフリカ、スリランカ、カリフォルニアの生産者との激しい競争を強いられている[30]。

伝統的に、観葉植物取引は野生の植物を栽培化して行われていた。だが、今ではその流れが逆転している。観葉植物がベランダや家から流出して自然の生育地とは異なる場所に定着することがあるのだ。これは深刻な生態系被害を引き起こしかねない。南アフリカやハワイの一部地域では、マダガスカル原産のカランコエ属（Kalanchoe）の交配種が問題を起こしている。さまざまな熱帯のムラサキツユクサが新たな生息地を形成している地域もある。おそらく観葉植物が野生化したもっとも驚くべきケースは、映画によく登場している。『レイダース／失われたアーク』から『ジュラシック・パーク』まで、あらゆる映画に「ジャングルのような」背景としてよく登場するのは、ハワイの不気味な平地林だ。

カランコエ・ベハレンシス（学名 *Kalanchoe beharensis*）の栽培種「ファング」。野生種はマダガスカルの乾燥森林地帯原産で、絶滅の危機にある。

これらは「新しい」森林と呼ばれる。異国から持ち込まれた植物が奇妙に混ざり合って、元の森林がほぼ完全に失われたのちに新たな生態系を作り上げているのだ。植生はジャングルのようで、一般的に想像される熱帯雨林に似ているが、生物学的には不毛で、昔のハワイの森林を特徴づけていた複雑な生態的プロセスを欠いている。このような森林が年月を経てどのように変化していくかはだれにもわからない。この地に固有の種がコロニーを形成すればよいのだが、熱帯を象徴し世界中の家を飾ってきた大きな葉のつる性サトイモ科植物が、この地域に永久に棲みつくのは確かだ。無害なジャングルという私たちの夢はハワイで現実のものとなり、森林とヤシの茂みにポトス、ハブカズラ（学名 *Epipremnum pinnatum*）、モンステラ、フィロデンドロンがまとわりつく光景が広がっている。

最前線で活動している自然保護活動家にとって、観葉植物の商用生産に利用される資源は、めまいがすると同時に、いささか残酷に見えるに違いない。自然保護と商用生産は実際、まったく異なる世界なのだ。保護の最前線では、農業や木炭の生産といった不可欠な産業を競争相手に、不愉快なほど少ない予算で種を救うために働くチームが多い。それに対し、観葉植物の世界はエキゾチックな新しさを求める富裕層の市場による裁量支出に基づいている。しかし野生のセントポーリアがあと数十年で山の安全地帯から姿を消し、その一方で栽培種が欧米の家庭で手をかけて育てられた片利共生生物となって人間に依存することになりかねないというのは納得がいかない。

絶滅の恐れがある植物の失われた個体群を、家の窓台や商業種苗園を通じて回復させることはできない。ほとんどの観葉植物はクローンや植物的繁殖を行うので、特定の種や栽培種は事実上遺伝的に同一か、あるいは厳しい選別を受けている場合が多く、野生で生存するには適さない。しかし、観葉植物が保全において強力な役割を果たしうる間接的手段ならある。私たちは観葉植物を愛し、彼らは野生の生物多様性と直接つながっている。セントポーリアはタンザニアやケニアの森林の使者であるとともに最重要なものなのだ。しかし、こういった感情に訴えるつながりがうまく役立てられたことはこれまでない。種とその森林を保護する資金のために、セントポーリアの購入価格に保護税をかけるときが来ているのではないだろうか。

終章　新たな世界

SF映画『サイレント・ランニング』（1972年）に登場する孤独な植物学者、フリーマン・ローウェルは、地球から救出した最後の、明らかに消える運命にある植物サンプルの世話をしている。こういった失われた世界のかけらは、ありふれたモンステラなど、大きな葉の熱帯植物で、リチャード・バックミンスター・フラーの設計したドームによく似た宇宙船で育てられている。観葉植物の棚にはしばしば『サイレント・ランニング』に登場したのと同じ植物が含まれ、失われた世界がまったくの虚構ではないことを思わせる。セントポーリアが最初に採集された世界は、永遠に失われてしまった。1890年代、ヴァルター・フォン・セントポール＝イレールがタンザニアのウサンバラ山地からドイツにいる父親に種子を送った際、世界の人口は16億人だったが、今では80億人に近づいている。[1] その間に大気中の二酸化炭素は294ppmから約415ppmに増加した。[2] この130年でタンザニアの山地の豊かな森林はズタズタに切り裂かれ、絶滅のプロセスは加速し続けている。

タンザニアのウサンバラ山地。1900年代初頭に、この地で初めて野生のセントポーリアが採集された。

観葉植物は自分たちが家庭生活のなかに永遠に存在するものであり、多種多様な家庭の一部であることを証明してきた。各世代の育種家たちは、絶えず変化する市場の好みに合わせて植物を形作ってきた。おそらくこれまで以上に、幸福の基盤の一部になっているのだろう。観葉植物は私たちの生活を豊かにする共生生物であり、都会生活の文化や機能とこれまで以上に深くかかわっている。彼らはまた、社会がグローバルな課題にどのように応えていくかを示す象徴、つまりトーテムでもあるのだ。

これまで、遺伝子操作された生命体や合成生物学に対する感情的・倫理的意見は、概して食物について交わされてきた。[3] 私たちが遺伝子操作した観葉植物を自宅に喜んで迎え入れるかどうかは、今後試されることになる。ゲノムを修正した観葉植物は作

栽培化された植物が受ける侮辱的待遇。移動するゴムノキ。ウィーン、1954年、フランツ・ハブマン撮影。

インドゴムノキは人気の観葉植物で、かつてはゴムの原料となっていた。エドワード・ステップ、『庭と温室のお気に入りの花たち』3巻（1897年）より。

自然界でのインドゴムノキ。巨大な森の木は根が絡み合って生きた橋を形成している。インド、メガラヤ州。

られているが、今までのところ、世論は否定的だ。この技術用ツールはますます利用可能になっていて、コストも低下している。ゆえに植物育種家にとって状況はいっそう魅力的なものになるだろう。たしかにこれまでの技術的な進歩と同様に、この強力な技術は間違いなくリスクを伴うだろうし、悪趣味な新商品の生産を後押しするだろう（暗闇で光る観賞魚「グローフィッシュ」はすでに合衆国のペットショップで入手可能だ）。しかしそれで実用的な機会へのドアも開かれる。たとえば遺伝子を組み換えて観葉植物が有毒な汚染物質を吸収する能力を向上させることも可能だろう[4]。

　観葉植物の取引にかかる炭素コストは持続不可能だ。現在の観葉植物生産は、安価なプラスチック、安価な労働力、安価な輸送という化石燃料に基づく経済に依存している。温度管理のできるトラック、航空輸送、輸送用コンテナの世界的ネットワークが、アジアやヨーロッパや北米の市場と生産者をつないでいるのだ。植物生産は、かつてはひとつの種苗園がひとつの場所で、挿し木や苗を最終的に市場に出せる商品にまで育てていたが、グローバルな生産システムに取って代わられた。そのほうが安価な労働力とより温暖な生育環境を利用できるからだ。持続可能性、公平性、とくに生産における炭素収支とグローバル化の経済的機会とを正しく調整することが急務だ。

重要なテーマのひとつは生育培地、とくに商業植物の生産を泥炭に頼っている点だ。約３００万立方メートルの泥炭が、イギリスでは観葉植物も含めたコンテナ植物生産用に販売されている。[5] 泥炭は非常に有益な自然資産である泥炭地から採掘される。泥炭地はユニークな種の集団をはぐくみ、水を吸い取って洪水から群生を守る巨大なスポンジの役割を果たす。その一方で、何世紀にもわたり蓄積してきた膨大な量の炭素を保持し、この炭素は泥炭を採取する際に放出されるので、進行中の気候危機を加速させる。代替物の開発競争が行われており、とりわけ農場からの堆肥、ココヤシの繊維、バイオ炭、ミミズ堆肥の開発に研究グループが取り組んでいる。ごく近い将来、泥炭の園芸への利用は常識外れで時代遅れなものとみなされるだろう。

観葉植物の系統的な定義は変わるだろう。光合成を行う藻類やコケ類は、インテリアとして、建物の外壁の生きた膜として、ますます利用されることだろう。菌類の生きたコロニーは、ダイナミックな生きた展示品として、そしておそらく家庭ごみの見栄えのよい処理機として販売されるだろう。

おそらくもっとも重要なのは、美しいものであれ黄色くしおれたものであれ、それぞれの観葉植物が、急速に失われつつある驚くべき野生世界の使者になるということだ。彼らはインドゴムノキ（学名 *Ficus elastica*）の生きた気根が網状に絡まり合って、インド北東部の深い渓谷を渡る橋になっている世界、乾燥したアフリカの低木林地でチトセラン属（Sansevieria）の多肉の葉をクロサイが探している世界、熱帯のチョウがクンシランの授粉をする世界、そしてディフェンバキア属（Dieffenbachia）の鉢がアマゾンの家庭を魔物から守る世界の使者なのだ。[6]

謝辞

私は幸運にもふたつの世界の間を歩いてきた。現地調査に携わるベテランの植物学者たち、とくにハワイではＮＴＢＧの同僚であるケン・ウッドやスティーヴ・パールマン、アフリカ東部ではクエンティン・ルークと彼の東アフリカ・レッドリスト委員会の同僚たちと、野生の生息環境で仕事をする機会に恵まれた。同様に、熱帯地域や温室で、商業種苗園、植物園、個人収集家の栽培種のコレクションを調査する機会にも恵まれてきた。フロリダ南部とハワイで過ごしたとても幸福な年月は、時間や知識や挿し木を気前よく提供してくれた熱帯地域の植物学者や園芸家の驚くべきネットワークによってたいへん豊かなものになった。

　本書を執筆するきっかけになったのは、ふたつの会話だった。まず、当時マイアミビーチのウォルフソニアン＝ＦＩＵ博物館にいたクリスチャン・ラーセンとの会話、それからケント大学のラジンドラ・プリ博士と彼の民族植物学の学生たちとの会話だ。多くの人々がこの計画に惜しみなく協力してくれた。ジョン・ドゥルーリーとマット・ビッグズはその間ずっと私を励ましてくれた。スーシン・アンドリュースは彼女らしい活力で私の記す術語を整理してくれた。多くの友人たちと同僚たちが指針を示してくれた。とくにハーヴェイ・バーンスタイン、ジム・フォルソム、ミッチェル・ヨアヒム、モーリン・マクカデン、クレイグ・モレル、サラ・オールドフィールド、ブライアン・シュライア、ポール・B・レッドマン、ビル・ロトランテ、ポール・スミス、マット・テイラー、レックス・トムソン、ジョン・トレーガー、ヴィカシュ・タタヤに感謝する。タイでバンコクの植物市場や果物の露店を案内してくれたウィーラチャイ・ナナコーン博士にもお礼を言いたい。すべての過ちは私にある。

作品の画像を快く提供してくださった、以下のアーティストの方々には非常に感謝している。エウジェニオ・アンプディィオ、ケイタ・アウグストカルネ、パトリック・ブラン、ゴハル・ダシュティ、ディズニー・デイヴィスとニティン・バルチャ、エコロジックスタジオ、ローラ・ハート、ジェイミー・ノース、ハイディ・ノートン、ジャン・ヌーヴェル、ケイト・ポルズビー、ダイアナ・シェーラー、ヴォ・チョン・ギア・アーキテクツ、そしてWOHAスタジオ。

何冊かの本は継続してインスピレーションを与えてくれた。キャサリン・ホーウッドの『鉢植え植物の歴史 *Potted History*』、トヴァ・マーティンの『昔、窓台で *Once Upon a Windowsill*』、ジョージ・ステイプルズ、デラル・R・ハーブストの博学な資料『熱帯庭園の植物相 *A Tropical Garden Flora*』に感謝する。マイク・フレーザーとリズ・フレイザーの『一番小さな王国 *The Smallest Kingdom*』は何度も読み返した。美しい本だ。

植物の絶滅を食い止めようとしている園芸家と自然保護活動家に敬意を表する。これは何世代にもわたる課題で、その典型的な例はエリカ・ヴェルティキラタを栽培し、南アフリカの野生に戻したチームだ。

すばらしい家族にとりわけ感謝している。ソーサン、キャサリンには編集と画像の調査に協力してくれたこと、ピーターには観葉植物の照明の件で感謝している。そしてとくに、植物を愛することを教えてくれた私の両親、ピーターとイザベラに感謝したい。

訳者あとがき

本書『観葉植物の文化誌』は、2022年にイギリスの出版社Reaktion Booksから刊行された*House Plants*の全訳である。日本語タイトルは便宜上「観葉植物」としたが、原題のhouse plantsは辞書によれば広く室内用の鉢植え植物を指す言葉のようで、本書にはモンステラやカラジウムといった葉の形や色を楽しむ植物だけでなく、セントポーリアやゼラニウムといった美しい花を咲かせる植物も登場する。

今でこそ当たり前のように家の中に置かれている観葉植物だが、そうなるまでにはさまざまな歴史とエピソードがあった。大航海時代以降、海外進出を果たした西洋の人々は、金銀や香辛料のみならず、新世界から珍しい植物を持ち帰ることになる。風変わりで「エキゾチックな」植物を所有することは一緒のステイタスとなり、珍奇な植物を得るためなら金に糸目はつけないという人々も大勢いたようだ。そういった需要を満たすために、プラントハンターたちが植民地や軍事活動の最前線へと向かった。さまざまな植物の写真や動画をインターネットで見られる現代と異なり、風景も気候もまったく違う異国の地で見たこともない植物に出会ったときの感動はいかばかりだったろう。遠い熱帯地方から植物を持ち帰るのは至難の業だったが、19世紀に本書でも語られるウォーディアンケースが登場すると、運搬にも装飾にもこういったガラスケースが利用されるようになり、観葉植物熱に拍車がかかった。

　また、ハンターたちから送られてきた植物をいかに消費者受けする姿かたちに変化させるか、つまり育種にも多大な努力が払われた。今ならばどうということもない植物の交配が、18世紀には神をも畏れぬ行為だとして批判の的になったというのだから驚く。

　日本はどうだったかといえば、鉢植え植物そのものの歴史は古く、平安時代にまでさかのぼることができるようだ。江戸期には園芸は一大ブームとなって定着し、浮世絵にも鉢植えが飾られたり売られたりする様子が描かれている。とはいえ、当時は特別な場合を除き、鉢植え植物はまだ庭や縁側に置かれることが多かったらしい。その後開国を機に海外からさまざまな観葉植物が持ち込まれたが、現在のように室内に飾られるようになったのは高度成長期だと言われる。そういえば、わが家にも昭和40年代、ゴムの木があったし、その後も時代によってポトスやベンジャミンなど、流行の観葉植物をあちこちで見かけるようになったと記憶している。

　日本に限らず観葉植物愛は世界共通だ。洒落たインテリアの一部になるだけではない。観葉植物はその家庭ごとの歴史や嗜好や考え方を反映する。極端な言い方をすれば、その人や家族の生き方を表現するものなのだ。そして植物を家の中に飾るのは、自然と触れ合いたい気持ちが人間にあるからだと著者は述べている。都市化が進み、その気持ちはさらに高まっているらしく、現在では観葉植物は鉢や容器に植えられたものにとどまらない。建物の外壁や屋上部を緑化して屋内と屋外の景観の融合を目指す建築物も増えている。さらには植物を利用して室内の空気を浄化する研究や、外壁に直接植物を生育させることのできる建材の研究なども進められている。

観葉植物市場は活況を呈し、専門店やホームセンターがにぎわいを見せている一方で、絶滅の危機にさらされている原種もある。もちろん、目先の利益ばかりを追及したことによる乱獲も原因のひとつだが、宅地や農地への転換、ダム建設などで生息地そのものが失われる場合もある。著者マイク・マウンダーも、世界のさまざまな植物園や学術団体、保護団体のネットワークと協力し、こういった失われつつある植物と生息地を保護する活動に取り組んでいるひとりだ。

本書の刊行にあたっては、多くの方々にお世話になった。とくに本書を訳す機会を与えてくださった原書房の善元温子さん、オフィス・スズキの鈴木由紀子さんに、この場を借りて心からの感謝を申し上げたい。

２０２２年

大山晶

Galerie Belvedere, Vienna: p. 125; Österreichische Nationalbibliothek, Vienna (Cod. 2773, fol. 18r): p. 4; photos Pixabay: pp. 108 (zoosnow), 181 (top; stux); private collection: p. 110; © Diana Scherer, courtesy of the artist: pp. 163, 164; photo Frank Scherschel/The *LIFE* Picture Collection/Shutterstock: p. 94; photo © 2018 Ester Segarra, reproduced with permission of Laura Hart: p. 97; Shutterstock. com: pp. 17 (Shuang Li), 18 (Shulevskyy Volodymyr), 19 (Svetlana Foote), 20 (stocksolutions), 26 (lennystan), 49 (wjarek), 53 (mayu85), 56 (Izz Hazel), 60 (Jessica Pichardo), 65 (SariMe), 66 (Anne Kitzman), 67 (mady70), 75 (Kristi Blokhin), 82 (kyrien), 90 (top; joloei), 90 (bottom; weter777), 102 (Aunyaluck), 168 (Elena-Grishina), 178 (TrishZ), 182 (Rob Huntley), 190 (Naaman Abreu), 194 (mathiasmoeller), 197 (Abhijeet Khedgikar); from Edward Step, *Favourite Flowers of Garden and Greenhouse*, vol. iii (London and New York, 1897): p. 196; courtesy of Vikash Tatayah: p. 179; © Tate/Tate Images: pp. 149, 160; courtesy of Lex A. J. Thomson: p. 180; photo Touring Club Italiano/Marka/Universal Images Group via Getty Images: p. 114; photos Unsplash: pp. 12 (Severin Candrian), 154 (Daniel Seßler); from James H. Veitch, *Hortus Veitchii: A History of the Rise and Progress of the Nurseries of Messrs. James Veitch and Sons* (London, 1906): p. 74; courtesy of Vo Trong Nghia Architects: pp. 118, 119; photo Seana Walsh, National Tropical Botanical Garden (ntbg), Kalaheo, HI: p. 175; photo Hedda Walther/ullstein bild via Getty Images: p. 27; from N. B. Ward, *On the Growth of Plants in Closely Glazed Cases* (London, 1852): p. 126; from Robert Warner and Benjamin Samuel Williams, *The Orchid Album*, vol. i (London, 1882): p. 8; courtesy of The White Room, www.thewhiteroom.in: p. 16 ; courtesy of WOHA, Singapore: pp. 153; courtesy of Ken Wood: p. 173.

写真ならびに図版への謝辞

以下の資料を提供し転載を許可してくださったことにお礼を申し上げる。簡略にするため、作品の所在も一部以下に紹介しておく。

From the *African Violet Magazine*, iii/1 (September 1949): p. 93; photo Adriano Alecchi/Mondadori via Getty Images: p. 21; courtesy of Eugenio Ampudio (photo Pedro Martínez de Albornoz): pp. 104; from Anon., *Ferns and Ferneries* (London, 1880): p. 133; courtesy of Ateliers Jean Nouvel (photo © Yiorgis Yerolymbos): p. 151; courtesy of Keita Augstkalne: p. 115; from Parker T. Barnes, *House Plants and How to Grow Them* (New York, 1909): p. 34; courtesy of the Barnes Foundation, Merion and Philadelphia, pa: p. 112; courtesy of Henk Beentje: p. 170; courtesy of Harvey Bernstein: pp. 42, 43, 46, 51, 183; courtesy of Patrick Blanc: p. 139; photo © The Bloomsbury Workshop, London/Bridgeman Images: p. 15; Carol M. Highsmith's America, Library of Congress, Prints and Photographs Division, Washington, DC: pp. 137; © CartoonStock, www.CartoonStock.com: p. 32; photo Murray Close/Sygma via Getty Images: p. 31; courtesy of CW Stockwell (photo Matt Sartain): p. 146; © Gohar Dashti, courtesy of the artist: p. 150; courtesy of ecoLogicStudio (photo © Marco Cappelletti): p. 156; © The Estate of John Nash, all rights reserved 2022/Bridgeman Images: p. 13; from *Gartenflora*, vol. i (Erlangen, 1852): p. 70; from Shirley Hibberd, *The Fern Garden: How to Make, Keep, and Enjoy it; or, Fern Culture Made Easy*, 9th edn (London, 1881): p. 127; courtesy of IKEA: p. 124 (bottom); photo Imagno/Getty Images: p. 195; iStock.com: pp. 11 (Kihwan Kim), 57 (leekris), 87 (EzumeImages), 96 (Praiwun), 105 (KatarzynaBialasiewicz), 124 (top; hamikus), 147 (FollowTheFlow), 157 (wavemovies), 172 (Nahhan); Keystone Pictures USA/ZUMA Press/Alamy Stock Photo: p. 30; photo Thomas Ledl (CC BY-SA 3.0 AT): p. 145; courtesy of Longwood Gardens, Kennett Square, PA: pp. 14, 38; © The Lucian Freud Archive/ Bridgeman Images: p. 116; LuEsther T. Mertz Library, New York Botanical Garden: p. 128; courtesy of Quentin Luke: p. 77; photos Mike Maunder: p. 33; National Agricultural Library, U.S. Department of Agriculture, Beltsville, MD: pp. 58, 186; National Gallery of Art, Washington, DC: pp. 29, 63; Nationalmuseum, Stockholm (photo Cecilia Heisser): p. 10; photo © Jamie North, courtesy of the artist and Informality Gallery: p. 140; © Heidi Norton, courtesy of the artist: p. 24; Österreichische

昌子訳、ビー・エヌ・エヌ新社）
Read, Veronica M., *Hippeastrum: The Gardener's Amaryllis* (Portland, OR, 2004)
Rowley, Gordon, *A History of Succulent Plants* (Mill Valley, CA, 1997)
Staples, George W., and Derral R. Herbst, *A Tropical Garden Flora*(Honolulu, HI, 2005)
Sund, Judy, *Exotica: A Fetish for the Foreign* (London, 2019)
Van Jaarsveld, Ernst, *The Southern African Plectranthus* (Simons Town, 2006)
Whittle, Tyler, *The Plant Hunters* (London, 1970)（『プラント・ハンター物語　植物を世界に求めて』、白幡洋三郎・白幡節子訳、八坂書房）
Wilson, Edward O., *The Diversity of Life* (Cambridge, MA, 1992)（『生命の多様性』、大貫昌子・牧野俊一訳、岩波書店）

参考文献

Allan, Mea, *Tom's Weeds: The Story of the Rochfords and Their House Plants* (London, 1970)

Blanc, Patrick, *The Vertical Garden* (London, 2008)

Curry, Helene Anne, *Evolution Made to Order: Plant Breeding and Technological Innovation in Twentieth-Century America* (Chicago, IL, 2016)

Desmarais, Jane, *Monsters under Glass: A Cultural History of Hothouse Flowers from 1850 to the Present* (London, 2018)

Erickson, Ruth, *Mark Dion: Misadventures of a Twenty-First-Century Naturalist*, exh. cat., Institute of Contemporary Art, Boston, MA (New Haven, CT, 2017)

Fraser, Michael, and Liz Fraser, *The Smallest Kingdom* (London, 2011)

Gessert, George, *Green Light: Toward an Art of Evolution* (Cambridge, MA, 2012)

Gross, Harriet, *The Psychology of Gardening* (London, 2018)

Horwood, Catherine, *Potted History: The Story of Plants in the Home* (London, 2007)

Jones, Margaret E., *House Plants* (London, 1962)

Kassinger, Ruth, *Paradise under Glass* (New York, 2010)

Kellert, Stephen R., *Nature by Design: The Practice of Biophilic Design* (New Haven, CT, 2018)

Kingsbury, Noel, *Hybrid: The History and Science of Plant Breeding* (Chicago, IL, 2009)

Koopowitz, Harold, *Clivias* (Seattle, WA, 2002)

Larsen, Christian A., ed., *Philodendron: From Pan-Latin Exotic to American Modern*, exh. cat., Florida International University/Wolfsonian Museum (Miami, FL, 2015)

Leapman, Michael, *The Ingenious Mr Fairchild* (London, 2000)

Leenhardt, Jacques, *Vertical Gardens: Bringing the City to Life* (London, 2007)

Mabey, Richard, *The Cabaret of Plants: Forty Thousand Years of Plant Life and the Human Imagination* (London, 2016)

Martin, Tovah, *Once upon a Windowsill: A History of Indoor Plants* (Portland, OR, 1998)

Myers, William, *Bio Art/Altered Realities* (London, 2015)（『バイオアート　バイオテクノロジーは未来を救うのか。』、久保田晃弘監修、岩井木綿子・上原

年表

前1500年	ハトシェプスト女王が植物採集のために遠征隊を古代エジプトからプント国（おそらくソマリランド）に派遣する。
1608年	サー・ヒュー・プラットが園芸マニュアル『植物の楽園』を出版する。
1630年代	ジョン・トラデスカント（父）がペラルゴニウム・トリステを栽培し、イギリス人の「ゼラニウム」熱が始まる。
1646年	大きな葉を持つサトイモ科植物の初期の愛好家で植物学者のシャルル・プリュミエが生まれる。
1720年	トマス・フェアチャイルドが交配種の「ミュール」をロンドンの王立協会に提出する。
1722年	トマス・フェアチャイルドが『都市の庭師』を出版する。
1755～1817年	ニコラウス・ヨーゼフ・フォン・ジャカンがウィーンのサトイモ科植物の遺産を確立する。
1767年	フィリベール・コメルソンがブラジルでカラジウム属を初めて採集する。
1799年	ランカシャーのアーサー・ジョンソンが、ヒッペアストルム属の最初の人工的な交配種を作る。
1815年	ブラジルで野生のグロキシニアが採集される。
1828年	ジョエル・ロバーツ・ポインセットがメキシコでポインセチアに出会う。
1829年	ナサニエル・ウォードが、密封したガラス容器の中でシダが発芽するのに気づく。
1833年	イギリスからオーストラリアへ、ウォーディアンケースに入れた植物が試験輸送される。
1840年代	フレデリック・リーブマンとヨゼフ・ワルシェヴィチ・リッター・フォン・ラヴィチが、モンステラの栽培を開始する。
1853年	イングランドのヴィーチ商会によって世界で初めてランの人工交配種、ユウヅルエビネが作られ、1856年に花をつける。
1880年	アイザック・ベイリー・バルフォアがエキザクム・アフィネとベゴニア・ソコトラナをソコトラ島で採集する。

1891年	ヴァルター・フォン・セントポール＝イレール男爵がセントポーリアの種子をタンザニアからドイツの父親に送る。
1893年	ヘンリー・ネーリング博士がシカゴの万国博覧会でブラジル産のカラジウム属を購入し、合衆国のカラジウム産業が始まる（現在の市場規模は約1200万ドル）。
1893/4年	ニューヨークのジョージ・スタンプが合衆国に初めてセントポーリアを輸入する。
1894年	セイヨウタマシダの変種、ボストンタマシダが、マサチューセッツ州ボストンのF・C・ベッカーによって発見される。
1905年	オットー・ヴァグナーが、ウィーンの帝国鉄道駅待合室の装飾にモンステラの意匠を使用する。
1906年	ロード・ハウ島にケンティア・パーム種苗園が設立される。
1909年	ノエル・ベルナールとハンス・ブルゲフが、ランの種子が土壌中の菌の助けによって発芽することを発見。
1946年	セントポーリアの展示会がジョージア州アトランタで初めて開かれる。
1951年	フェスティバル・オブ・ブリテンが開幕し、イギリスの現代デザインの一部として観葉植物が導入される。
1951年	イギリスで観葉植物用液体肥料ベビーバイオが発売される。
1952年	トマス・ロックフォードが「観葉植物《ハウスプラント》」という呼び名を考案する。
1961年	D・G・ヘッセイヨン博士の『観葉植物を極める *Be Your Own House Plant Expert*』が出版される。
1970年	ロングウッド・ガーデンズ（ペンシルヴェニア州）と合衆国農務省がツリフネソウ属（Impatiens）の育種素材を得るためにニューギニアに遠征隊を送る。
1973～78年	ホベルト・ブルレ・マルクスがブラジル南部、トレスのグアリタ・パークに、熱帯植物の垂直庭園を造る。
1983年	モンサント社が、最初の遺伝子組み換え植物であるタバコを作る。
1989年	室内植物と空気環境に関するNASAの研究結果が発表される。
1994年	栽培されていたエリカ・ヴェルティキラタが再発見されて、南アフリカで再導入が開始される。

1998年	熱帯植物による壁面緑化の先駆的なインスタレーションが、パトリック・ブランによってジェノヴァに展示される。
2009年	人間の遺伝子を組み込んだペチュニア（エドゥニア）が、芸術家エドゥアルド・カッツによって作られる。
2012年	野生のブリガミア・インシグニスが最後に目撃される。
2014年	MITの研究チームが、暗闇で光る植物といった「バイオニック植物」の研究に従事する。
2014年	合衆国の室内およびパティオ用観葉植物の売り上げが7億4700万ドルに達する。
2016年	1860年に発見されて以来156年ぶりに、フィジーでヒビスクス・ストルクキイが再発見される。
2017年	「遺伝子組み換えペチュニアの大虐殺」。違法な遺伝子組み換えペチュニアがヨーロッパ市場に出回ったのち廃棄される。
2018年	バラッコ＋ライト・アーキテクツが、ヴェネチア・ビエンナーレにオーストラリアの草原を室内で再現した作品を出品する。
2019年	ニュージャージー州ラトガース大学の廊下を、「フローラボーグ」が走り回る。
2019年	絶滅したヒビスカデルフス属の香りが、アレクサンドラ・デイジー・ギンズバーグ博士によって甦る。
2019年	イギリスの王立園芸協会が、今後のチェルシー・フラワーショーにおける観葉植物の競技部門を発表する。
2020年	テレフォーム ONE がニューヨークのオフィスビルを、オオカバマダラの保護施設として設計する。
2021年	エコロジック・デザインスタジオが、ヴェネチア・ビエンナーレに都市の生活システムの一部として藻類の培養を展示する。
2050年	世界の人口の約70パーセントが都市で生活するようになる。

注

序章　室内の植物たち

1　Hugh Findlay, *House Plants: Their Care and Culture* (New York, 1916), p. 1.

2　Edward O. Wilson, *The Diversity of Life* (Cambridge, MA, 1992), p. 350.（『生命の多様性』、大貫昌子・牧野俊一訳、岩波書店）

3　Mea Allan, *Tom's Weeds: The Story of the Rochfords and Their House Plants* (London, 1970), p. 125.

4　David Gerald Hessayon, *Be Your Own House Plant Expert* (London, 1961).

5　Xi Liu 他 ., 'Inside 50,000 Living Rooms: An Assessment of Global Residential Ornamentation Using Transfer Learning', *EPJ Data Science*, VIII/4 (2019).

6　Harold Koopowitz, *Clivias* (Seattle, WA, 2002), p. 174.

7　Lisa Boone, 'They Don't Have Homes. They Don't Have Kids. Why Millennials Are Plant Addicts', www.latimes.com, 4 July 2018.

8　Dani Giannopoulos, 'Why Our Obsession with Indoor Plants Is More Important than Ever', www.domain.com.au, 7 April 2020.

9　Richard Mabey, *The Cabaret of Plants: Forty Thousand Years of Plant Life and the Human Imagination* (London, 2016).

10　Jack Goody, *The Culture of Flowers* (Cambridge, 1994).

11　Dani Nadel 他 , 'Earliest Floral Grave Lining from 13,700–11,700-Y-Old Natufian Burials at Raqefet Cave, Mt Carmel, Israel', *Proceedings of the National Academy of Sciences*, CX/29 (2013), pp. 11,774–8.

12　Paul Pearce Creasman and Kei Yamamoto, 'The African Incense Trade and Its Impacts in Pharaonic Egypt', *African Archaeological Review*, XXXVI/3 (2019), pp. 347–65.

13　Judy Sund, Exotica: *A Fetish for the Foreign* (London, 2019), pp. 6–10.

14　Teresa McLean, *Medieval English Gardens* (London, 1981), p. 151.

15　Catherine Horwood, *Potted History: The Story of Plants in the Home* (London, 2007), p. 7より引用。

16　Celia Fiennes, *Through England on a Side Saddle in the Reign of William and Mary* (London, 1888), pp. 97–8.

17　Thomas Fairchild, *The City Gardener* (London, 1722).

18 2014 Census of Horticultural Specialities, www.nas.usda.gov, 2020年1月3日にアクセス。

19 Chloe Blommerde, 'New Zealand's Most Expensive House Plant? $6,500 Hoya Breaks Trademe Record', www.i.stuff.co.nz, 16 June 2020.

20 Christopher Brickell and Fay Sharman, *The Vanishing Garden: A Conservation Guide to Garden Plants* (London, 1986), p. 52.

21 R. Todd Longstaffe-Gowan, 'Plant Effluvia: Changing Notions of the Effects of Plant Exhalations on Human Health in the Eighteenth and Nineteenth Centuries', *Journal of Garden History*, VII/2 (1987), pp. 176–85.

22 J. R. Mollison, *The New Practical Window Gardener: Being Practical Directions for the Cultivation of Flowering and Foliage Plants in Windows and Glazed Cases, and the Arrangement of Plants and Flowers for the Embellishment of the Household* (London, 1877), p. 52.

23 United Nations, 'Revision of World Urbanization Prospects, 68% of the World Population Projected to Live in Urban Areas by 2050', www.un.org, 18 May 2018.

24 Marc T. J. Johnson and Jason Munshi-South, 'Evolution of Life in Urban Environments', *Science*, CCCLVIII/6363 (2017).

25 Alexander Mahnert, Christine Moissl-Eichinger and Gabriele Berg, 'Microbiome Interplay: Plants Alter Microbial Abundance and Diversity within the Built Environment', *Frontiers in Microbiology* (2015), p. 887.

26 Joseph Arditti and Eloy Rodriguez, 'Dieffenbachia: Uses, Abuses and Toxic Constituents: A Review', *Journal of Ethnopharmacology*, 5 (1982), pp. 293–302.

27 Michael G. Kenny, 'A Darker Shade of Green: Medical Botany, Homeopathy, and Cultural Politics in Interwar Germany', *Social History of Medicine*, XV (2002), pp. 481–504.

28 Nicholas C. Kawa, 'Plants that Keep the Bad Vibes Away: Boundary Maintenance and Phyto-Communicability in Urban Amazonia', *Ethnos*, LXXXVI (2020), pp. 1–17.

29 Jane Desmarais, *Monsters under Glass: A Cultural History of Hothouse Flowers from 1850 to the Present* (London, 2018).

30 N. Meeker and A. Szabari, 'From the Century of the Pods to the Century of the Plants: Plant Horror, Politics and Vegetal Ontology', *Discourse*, XXXIV/1 (2012), pp. 32–58.

31 Nathaniel Bagshaw Ward, *On the Growth of Plants in Closely Glazed Cases* (London, 1852).

32 Patrick Blanc, The Vertical Garden (London, 2008); Takashi Amano, www.adana.co.jp/en/contents/takashiamano, 2019年5月12日にアクセス。

33 'Devastated Woman Discovers Plant She's Been Watering for Two Years Is Fake', www.mirror.co.uk, 3 March 2020.

34 'World's Smallest Water Lily Stolen from Kew Gardens', www.theguardian.com, 13 January 2014.

第1章 「エキゾチック」を求めて

1 Tomas Anisko, *Plant Exploration for Longwood Gardens* (Portland, OR, 2006), p. 143.

2 IUCN Red List, www.iucnredlist.org.

3 Bill Rotolante との E メール、2020年1月。

4 Hugh Platt, *Floraes Paradise* (London, 1608).

5 Gordon Rowley, *A History of Succulent Plants* (Mill Valley, CA, 1997), pp. 43–6.

6 Rebecca Earle, 'The Day Bananas Made Their British Debut', www.theconversation.com, 10 April 2018.

7 John Gerard, *The Herball; or, Generall Historie of Plantes* (London, 1597).

8 Douglas Chamber, 'John Evelyn and the Invention of the Heated Greenhouse', *Garden History*, XX/2 (1992), p. 201より引用。

9 Mike Maunder, 'The Tropical Aroids: The Discovery, Introduction and Cultivation of Exotic Icons', in *Philodendron: From Pan-Latin Exotic to American Modern*, ed. Christian Larsen (Miami Beach, FL, 2015), pp. 17–31.

10 Joseph Holtum et al., 'Crassulacean Acid Metabolism in the ZZ Plant, Zamioculcas zamiifolia (Araceae)', *American Journal of Botany*, XCIV/10 (2007), pp. 1670–76.

11 Santiago Madrinán, *Nikolaus Joseph Jacquin's American Plants: Botanical Expedition to the Caribbean (1754–1759) and the Publication of the Selectarum Stirpium Americanarum Historia* (Leiden, 2013), p. 11.

12 Mike Maunder, 'Monstera Inc.', *Rakesprogress*, 7 (2018), pp. 220–22.

13 Donald R. Strong and Thomas S. Ray, 'Host Tree Location Behavior of a Tropical Vine (Monstera gigantea) by Skototropis', *Science*, 190 (1975), pp. 804–6.

14 J. López-Portillo 他 , 'Hydraulic Architecture of Monstera acuminata: Evolution-

ary Consequences of the Hemiepiphytic Growth Form', *New Phytologist*, CXLV/2 (2000), pp. 289–99.

15 Tyler Whittle, *The Plant Hunters* (London, 1970), p. 118.(『プラント・ハンター物語　植物を世界に求めて』、白幡洋三郎・白幡節子訳、八坂書房)

16 James Herbert Veitch, *Hortus Veitchii: A History of the Rise and Progress of the Nurseries of Messrs James Veitch and Sons* [1906] (Exeter, 2006).

17 Richard Steele, *An Essay upon Gardening* (York, 1793), p. 7.

18 Jianjun Chen and Richard J. Henny, 'ZZ: A Unique Tropical Ornamental Foliage Plant', *HortTechnology*, xiii/3 (2003), pp. 458–62.

19 G. Prigent, 'Huysmans Pornographe', Romantisme, CLXVII/1 (2015), pp. 60–75.

20 Joel T. Fry, 'America's First Poinsettia: The Introduction at Bartram's Garden', www.bartramsgarden.org, 14 December 2016.

21 Walter L. Lack, 'The Discovery, Naming and Typification of Euphorbia pulcherrima (Euphorbiaceae)', *Willdenowia*, XLI/2 (2011), pp. 301–9.

22 Judith M. Taylor　他 , 'The Poinsettia: History and Transformation', *Chronica Horticulturae*, LI/3 (2011), pp. 23–8.

23 J. L. Clarke 他 , '*Agrobacterium tumefaciens* – Mediated Transformation of Poinsettia, *Euphorbia pulcherrima*, with Virus-Derived Hairpin RNA Constructs Confers Resistance to Poinsettia Mosaic Virus', Plant Cell Reports, XXVII/6 (2008), pp. 1027–38.

24 Laura Trejo 他 , 'Poinsettia's Wild Ancestor in the Mexican Dry Tropics: Historical, Genetic, and Environmental Evidence', *American Journal of Botany*, xcix/7 (2012), pp. 1146–57.

25 M. T. Colinas 他 , 'Cultivars of *Euphorbia pulcherrima* from Mexico', XXIX *International Horticultural Congress on Horticulture: Sustaining Lives, Livelihoods and Landscapes*, 1104 (2014), pp. 487–90.

26 Michael Fraser and Liz Fraser, *The Smallest Kingdom* (London, 2011), p. 168より引用。

27 同上 , pp. 140–42.

28 同上 , pp. 167–81.

29 同上 , pp. 181–3.

30 D. R. Davies and C. L. Hedley, 'The Induction by Mutation of All-Year-Round Flowering in Streptocarpus', *Euphytica*, 24 (1975), pp. 269–75.

31 Tomas Hasing 他 , 'Extensive Phenotypic Diversity in the Cultivated Florist's Gloxinia, *Sinningia speciosa* (Lodd.) Hiern, Is Derived from the Domestication of a Single Founder Population', *Plants, People, Planet*, I/4 (2019), pp. 363–74.

第2章　怪物と美女　品種改良への道

1 George Gessert, *Green Light: Toward an Art of Evolution* (Cambridge, MA, 2012), p. 91.
2 同上 , p. 26.
3 同上 , p. 1.
4 Michael Leapman, *The Ingenious Mr Fairchild* (London, 2000).
5 Noel Kingsbury, *Hybrid: The History and Science of Plant Breeding* (Chicago, IL, 2009), p. 74.
6 同上 , pp. 77–83.
7 同上 , p. 95より引用。
8 Veronica M. Read, Hippeastrum: The Gardener's Amaryllis (Portland, OR, 2004), p. 16.
9 同上 , p. 41.
10 Y. Wang 他 , 'Revealing the Complex Genetic Structure of Cultivated Amaryllis (Hippeastrum hybridum) Using Transcriptome-Derived Microsatellite Markers', *Scientific Reports*, 8 (2018), pp. 1–12.
11 James Herbert Veitch, *Hortus Veitchii: A History of the Rise and Progress of the Nurseries of Messrs James Veitch and Sons* [1906] (Exeter, 2006), pp. 103–5.
12 Bodhisattva Kar, 'Historia Elastica: A Note on the Rubber Hunt in the North Eastern Frontier of British India', *Indian Historical Review*, XXXVI/1 (2009), pp. 131–50.
13 Richard J. Henny and Jianjun Chen, 'Cultivar Development of Ornamental Foliage Plants', *Plant Breeding Reviews*, 23 (2003), p. 277.
14 同上 , pp. 278–9.
15 同上 , pp. 271–2.
16 Hiroshi Ishizaka, 'Breeding of Fragrant Cyclamen by Interspecific Hybridization and Ion-Beam Irradiation', *Breeding Science*, LXVIII/1 (2018), pp. 25–34.
17 Dan Torre, *Cactus* (London, 2017), pp. 158–62.（『サボテンの文化誌』、大山晶訳、原書房）
18 Gideon F. Smith 他 , 'Nomenclature of the Nothogenus Names × Graptophy-

tum Gossot, × Graptoveria Gossot, and × Pachyveria Haage & Schmidt (Crassulaceae)', *Bradleya*, 36 (2018), pp. 33–41.

19 Jaime A. Teixeira da Silva 他, 'African Violet (Saintpaulia ionantha H. Wendl.): Classical Breeding and Progress in the Application of Biotechnological Techniques', *Folia Horticulturae*, XXIX/2 (2017), pp. 99–111.

20 Helene Anne Curry, *Evolution Made to Order: Plant Breeding and Technological Innovation in Twentieth-Century America* (Chicago, IL, 2016), p. 134.

21 同上, pp. 180–83.

22 R. J. Griesbach, 'Development of Phalaenopsis Orchids for the Mass-Market', *Trends in New Crops and New Uses* (2002), pp. 458–65.

23 Tim Wing Yam and Joseph Arditti, 'History of Orchid Propagation: A Mirror of the History of Biotechnology', *Plant Biotechnology Review*, III/1 (2009), pp. 1–56.

第3章　健康、幸福、相利共生

1 Emanuele Coccia, *The Life of Plants: A Metaphysics of Nature* (Cambridge, 2019), pp. 4–5.

2 United Nations, 'Revision of World Urbanization Prospects, 68% of the World Population Projected to Live in Urban Areas by 2050', www.un.org, 18 May 2018.

3 Laura J. Martin 他, 'Evolution of the Indoor Biome', *Trends in Ecology and Evolution*, XXX/4 (2015), pp. 223–32.

4 同上

5 S. M. Gibbons, 'The Built Environment Is a Microbial Wasteland', *mSystems*, 1 (2016), e00033-16, doi: 10.1128/Msystems.00033-16; Gabriele Berg, Alexander Mahnert and Christine Moissl-Eichinger, 'Beneficial Effects of Plant-Associated Microbes on Indoor Microbiomes and Human Health?', *Frontiers in Microbiology*, 5 (2014), p. 15.

6 Berg, Mahnert and Moissl-Eichinger, 'Beneficial Effects'.

7 C. Neal Stewart 他, 'Houseplants as Home Health Monitors', *Science*, CCCLXI/6399 (2018), pp. 229–30.

8 Alexander Mahnert, Christine Moissl-Eichinger and Gabriele Berg, 'Microbiome Interplay: Plants Alter Microbial Abundance and Diversity within the Built Environment', *Frontiers in Microbiology*, 6 (2015), p. 887; Alexander Mahnert 他,

'Enriching Beneficial Microbial Diversity of Indoor Plants and Their Surrounding Built Environment with Biostimulants', *Frontiers in Microbiology*, 9 (2018), p. 2985; Rocel Amor Ortega 他, 'The Plant Is Crucial: Specific Composition and Function of the Phyllosphere Microbiome of Indoor Ornamentals', *FEMS Microbiology Ecology*, xcii/12 (2016).

9 United Nations, 'Revision of World Urbanization Prospects'.

10 World Health Organization, *Global Status Report on Noncommunicable Diseases 2014*, WHO/NMH/NVI/15.1 (2014).

11 Melissa R. Marselle 他, 'Review of the Mental Health and Well-Being Benefits of Biodiversity', in *Biodiversity and Health in the Face of Climate Change* (Cham, 2019), pp. 175–211; Tina Bringslimark, Terry Hartig and Grete G. Patil, 'The Psychological Benefits of Indoor Plants: A Critical Review of the Experimental Literature', *Journal of Environmental Psychology*, XXIX/4 (2009), pp. 422–33, doi: 10.1016/J.Jenvp.2009.05.001.

12 R. Todd Longstaffe-Gowan, 'Plant Effluvia: Changing Notions of the Effects of Plant Exhalations on Human Health in the Eighteenth and Nineteenth Centuries', *Journal of Garden History*, VII/2 (1987), pp. 176–85.

13 Catherine Horwood, *Potted History: The Story of Plants in the Home* (London, 2007), p. 103より引用。

14 同上, p. 104より引用。

15 Kate E. Lee 他, '40-Second Green Roof Views Sustain Attention: The Role of Micro-Breaks in Attention Restoration', *Journal of Environmental Psychology* (April 2015), pp. 182–9; Jo Barton, Murray Griffin and Jules Pretty, 'Exercise, Nature- and Socially Interactive-Based Initiatives Improve Mood and Self-Esteem in the Clinical Population', *Perspectives in Public Health*, CXXXII/2 (2012), pp. 89–96.

16 Magdalena van den Berg 他, 'Health Benefits of Green Spaces in the Living Environment: A Systematic Review of Epidemiological Studies', *Urban Forestry and Urban Greening*, XIV/4 (2015), pp. 806–16.

17 B. C. Wolverton, Anne Johnson and Keith Bounds, *Interior Landscape Plants for Indoor Air Pollution Abatement* (Davidsonville, MD, 1989).

18 Robinson Meyer, 'A Popular Benefit of Houseplants Is a Myth', *The Atlantic*, 9 March 2019; E. Cummings Bryan and Michael S. Waring, 'Potted Plants Do Not Improve Indoor Air Quality: A Review and Analysis of Reported VOC Re-

moval Efficiencies', *Journal of Exposure Science and Environmental Epidemiology*, XXX/2 (2020), pp. 253–61.
19 Long Zhang, Ryan Routsong and Stuart E. Strand, 'Greatly Enhanced Removal of Volatile Organic Carcinogens by a Genetically Modified Houseplant, Pothos Ivy (Epipremnum aureum) Expressing the Mammalian Cytochrome P450 2e1 Gene', *Environmental Science and Technology*, LIII/1 (2018), pp. 325–31.
20 Susan McHugh, 'Houseplants as Fictional Subjects', in *Why Look at Plants? The Botanical Emergence in Contemporary Art* (Leiden, 2018), pp. 191–4.
21 George Orwell, *Keep the Aspidistra Flying* (London, 1956), p. 28.（『葉蘭を窓辺に飾れ』、大石健太郎・田口昌志訳、彩流社）
22 Ernst Van Jaarsveld, *The Southern African Plectranthus* (Simons Town, 2006), pp. 72–3.
23 Orwell, *Keep the Aspidistra Flying*, p. 28.（『葉蘭を窓辺に飾れ』、大石健太郎・田口昌志訳、彩流社）
24 Harriet Gross, *The Psychology of Gardening* (London, 2018), p. 42.
25 Chang Chia-Chen 他 , 'Social Media, Nature, and Life Satisfaction: Global Evidence of the Biophilia Hypothesis', *Scientific Reports*, X/1 (2020), pp. 1–8.
26 Stephen R. Kellert, *Nature by Design: The Practice of Biophilic Design* (New Haven, CT, 2018).
27 Richard J. Jackson, Howard Frumkin and Andrew L. Dannenberg 編 , *Making Healthy Places: Designing and Building for Health, Well-Being, and Sustainability* (Portland, OR, 2012).
28 Tonia Gray, 'Re-Thinking Human–Plant Relations by Theorising Using Concepts of Biophilia and Animism in Workplaces', in *Reimagining Sustainability in Precarious Times* (Singapore, 2017), pp. 199–215.
29 Anna Wilson, Dave Kendal and Joslin L. Moore, 'Humans and Ornamental Plants: A Mutualism?', *Ecopsychology*, VIII/4 (2016), pp. 257–63.

第4章　ウォード博士のガラスの遺産

1 Shirley Hibberd, *Rustic Adornments for Homes of Taste* (London, 1856), p. 135.
2 John Claudius Loudon, *The Suburban Gardener and Villa Companion* (London, 1838), p. 104.
3 Marianne Klemun, 'Live Plants on the Way: Ship, Island, Botanical Garden, Paradise and Container as Systemic Flexible Connected Spaces in Between', *Journal*

of *History of Science and Technology*, V (Spring 2012), pp. 30–48; Yves-Marie Allain, *Voyages et Survie des Plantes au Temps de la Voile* (Paris, 2000).

4 Allan Maconochie, 'On the Use of Glass Cases for Rearing Plants Similar to Those Recommended by N. B. Ward, Esq.', *Third Annual Report and Proceedings of the Botanical Society, Session 1838–9* (1840), pp. 96–7.

5 Shirley Hibberd, *The Town Gardener* (London, 1855), p. 11.

6 Nathaniel Bagshaw Ward, *On the Growth of Plants in Closely Glazed Cases* (London, 1842), p. 36.

7 Stuart McCook, 'Squares of Tropic Summer: The Wardian Case, Victorian Horticulture, and the Logistics of Global Plant Transfer, 1770–1910', in *Global Scientific Practice in an Age of Revolutions, 1750–1850*, Patrick Manning and Daniel Rood 編 (Pittsburgh, PA, 2016), pp. 199–215.

8 Donal P. McCracken, *The Gardens of Empire* (London, 1997), p. 85.

9 C. Mackay, 'The Arrival of the Primrose', *Friends Intelligencer*, XXII/8 (29 April 1865), p. 123.

10 D. E. Allen, *The Victorian Fern Craze: A History of Pteridomania* (London, 1969).

11 Ward, *On the Growth of Plants*, p. 49.

12 Lindsay Wells, 'Close Encounters of the Wardian Kind: Terrariums and Pollution in the Victorian Parlor', *Victorian Studies*, LX/2 (Winter 2018), pp. 158–70.

13 Margaret Flanders Darby, 'Unnatural History: Ward's Glass Cases', *Victorian Literature and Culture*, XXXV/2 (2007), pp. 635–47.

14 J. Pascoe, *The Hummingbird Cabinet* (Ithaca, NY, 2006), p. 48.

15 Charles Kingsley, *Glaucus; or, The Wonders of the Shore* (London, 1890), p. 4.

16 William Scott, *The Florist's Manual* (Chicago, IL, 1899), p. 84.

17 Shirley Hibberd, *The Fern Garden* (London, 1869), p. 54.

18 Nona Maria Bellairs, *Hardy Ferns* (London, 1865), p. 77.

19 Ruth Kassinger, *Paradise under Glass* (New York, 2010), pp. 263–5.

20 Mara Polgovsky Ezcurra, 'The Future of Control: Luis Fernando Benedit's Labyrinth Series', http://post.moma.org, 4 September 2019.

21 'The Biosphere Project', www.biosphere2.org, 2020年3月2日にアクセス。

22 Ruth Erickson, 'Into the Field', in *Mark Dion: Misadventures of a Twenty-First-Century Naturalist*, exh. cat., Institute of Contemporary Art, Boston, MA (New Haven, CT, 2017), p. 59.

23 Amy Frearson, 'Over 10,000 Plants Used to Create Grassland inside Australian

Pavilion', www.dezeen.com, 26 May 2018.

24 Jacques Leenhardt, *Vertical Gardens: Bringing the City to Life* (London, 2007), p. 20.

25 Patrick Blanc, *The Vertical Garden* (London, 2008).

第5章　植物の家

1 Christian A. Larsen 編 , *Philodendron: From Pan-Latin Exotic to American Modern*, exh. cat., Florida International University/Wolfsonian Museum (Miami, FL, 2015), pp. 58–9.

2 Hannah Martin, 'The Story Behind the Iconic Banana-Leaf Pattern Design', www.architecturaldigest.com, 31 March 2019.

3 Larsen, *Philodendron*, pp. 33–112.

4 International Living Future Institute, www.living-future.org, 2020年4月1日にアクセス。

5 Huijuan Deng and Chi Yung Jim, 'Spontaneous Plant Colonization and Bird Visits of Tropical Extensive Green Roof', *Urban Ecosystems*, XX/2 (2017), pp. 337–52.

6 www.terreform.com 参照。2020年4月1日にアクセス。

7 www.bagarquitectura.com 参照。2019年9月6日にアクセス。

8 'Hyun Seok-An', www.antenna.foundation 参照。2020年4月5日にアクセス。

9 Tuan G. Nguyen, 'Can an Algae-Powered Lamp Quench Our Thirst for Energy?', www.smithsonianmag.com, 22 October 2013.

10 Alison Haynes 他 , 'Roadside Moss Turfs in South East Australia Capture More Particulate Matter Along an Urban Gradient than a Common Native Tree Species', *Atmosphere*, X/4 (2019), p. 224.

11 www.greencitysolutions.de 参照。2020年4月10日にアクセス。

12 Emilie Chalcraft, 'Researchers Develop Biological Concrete for Moss-Covered Walls', www.dezeen.com, 3 January 2013.

13 Rima Sabina Aouf, 'Bricks Made from Waste and Loofah Could Promote Biodiversity in Cities', www.dezeen.com, 14 July 2019.

14 Amy Frearson, 'Tower of "Grown" Bio-Bricks by The Living Opens at moma ps1', www.dezeen.com, 1 July 2014.

15 William Myers, *Bio Art/Altered Realities* (London, 2015), p. 14.（『バイオアート　バイオテクノロジーは未来を救うのか。』、久保田晃弘監修、岩井木

綿子・上原昌子訳、ビー・エヌ・エヌ新社）
16 Kelly Servick, 'How the Transgenic Petunia Carnage of 2017 Began', www.sciencemag.org, 24 May 2017.
17 Myers, *Bio Art*, pp. 1138–40.（『バイオアート　バイオテクノロジーは未来を救うのか。』、久保田晃弘監修、岩井木綿子・上原昌子訳、ビー・エヌ・エヌ新社）
18 Eleni Stavrinidou 他, 'Electronic Plants', *Science Advances*, I/10 (6 November 2015), www.advances.sciencemag.org.
19 Mary K. Heinrich 他, 'Constructing Living Buildings: A Review of Relevant Technologies for a Novel Application of Biohybrid Robotics', *Journal of the Royal Society Interface*, 16 (2019), pp. 1–28.
20 Anne Trafton, 'Bionic Plants', https://news.mit.edu, 16 March 2014.
21 Anne Trafton, 'Nanosensor Can Alert a Smartphone When Plants Are Stressed', https://news.mit.edu, 15 April 2020.
22 Amy McDermott, 'Light-Seeking Mobile Houseplants Raise Big Questions about the Future of Technology', *Proceedings of the National Academy of Sciences*, CXVI/31 (2019), pp. 15,313–15.
23 www.daisyginsberg.com 参照, 2019年10月5日にアクセス。

第6章　絶滅寸前の野生種

1 Dana Goodyear, 'Succulent Smugglers Descend on California', www.newyorker.com, 12 February 2019.
2 Jared D. Margulies, 'Korean "Housewives" and "Hipsters" Are Not Driving a New Illicit Plant Trade: Complicating Consumer Motivations behind an Emergent Wildlife Trade in Dudleya farinosa', *Frontiers in Ecology and Evolution*, 8 (2020), p. 604,921.
3 Maurizio Sajeva, Francesco Carimi and Noel McGough, 'The Convention on International Trade in Endangered Species of Wild Fauna and Flora (cites) and Its Role in Conservation of Cacti and Other Succulent Plants', *Functional Ecosystems and Communities*, I/2 (2007), pp. 80–85.
4 Thomas Brooks 他, 'Global Biodiversity Conservation Priorities', *Science*, CCCXIII/5783 (2006), pp. 58–61.
5 Antonia Eastwood 他, 'The Conservation Status of Saintpaulia', *Curtis's Botanical Magazine*, XV/1 (1998), pp. 49–62.

6 B. L. Burtt, 'Studies in the Gesneriaceae of the Old World xxv: Additional Notes on Saintpaulia', *Notes of the Royal Botanic Garden Edinburgh*, XXV/3 (1964), pp. 191–5.

7 Ian Darbyshire, *Gesneriaceae, Flora of Tropical East Afric*a, vol. CCXLII (London, 2006).

8 IUCN Red List, www.iucnredlist.org.

9 同上

10 Dimitar Dimitrov, David Nogues-Bravo and Nikolaj Scharff, 'Why Do Tropical Mountains Support Exceptionally High Biodiversity? The Eastern Arc Mountains and the Drivers of Saintpaulia Diversity', *Plos One*, VII/11 (2012).

11 Dawn Edwards, 'The Conversion of Saintpaulia', *The Plantsman*, XVII/4 (December 2018), pp. 260–61.

12 Mark Hughes, 'The Begonia of the Socotra Archipelago', *Begonian*, 68 (November–December 2001), pp. 109–213, www.begonias.org.

13 James Herbert Veitch, *Hortus Veitchii: A History of the Rise and Progress of the Nurseries of Messrs James Veitch and Sons* [1906] (Exeter, 2006).

14 James Wong, 'Gardens: All Hail the Vulcan Palm', www.guardian.co.uk, 10 January 2016.

15 Anon., 'Plant Focus: Resurrected from the Brink of Extinction', *The Plantsman* (2005/p4), p. 67.

16 Seana K. Walsh 他, 'Pollination Biology Reveals Challenges to Restoring Populations of Brighamia insignis (Campanulaceae), a Critically Endangered Plant Species from Hawai'i', *Flora*, 259 (October 2019).

17 Lex Thomson and Luca Braglia, 'Review of Fiji Hibiscus (Malvaceae-Malvoideae) Species in Section Lilibiscus', *Pacific Science*, LXXIII/1 (2019), pp. 79–121.

18 Earley Vernon Wilcox and Valentine S. Holt, *Ornamental 'Hibiscus' in Hawaii*, Bulletin no. 29, Hawaii Agricultural Experiment Station (Honolulu, HI, 1913).

19 Thomson and Braglia, 'Review'.

20 Barbara Goettsch 他, 'High Proportion of Cactus Species Threatened with Extinction', *Nature Plants*, I/10 (2015).

21 Ana Novoa 他, 'Level of Environmental Threat Posed by Horticultural Trade in Cactaceae', *Conservation Biology*, XXXI/5 (2017), pp. 1066–75.

22 W. A. Maurice 他, 'Echinocactus grusonii, a New Location for the Golden Barrel', *Cactusworld*, XXIV/4 (2006), pp. 169–73.

23 Rafael Ortega Varela, Zirahuen Ortega Varela and Charles Glass, 'Rescue Operations of Threatened Species in the Hydroelectric Project: Zimapán, Mexico', *British Cactus and Succulent Journal*, XV/3 (1997), pp. 123–8.
24 IUCN Red List, www.iucnredlist.org, 2020年3月5日にアクセス。
25 Mike Maunder 他 , 'Conservation of the Toromiro Tree: Case Study in the Management of a Plant Extinct in the Wild', *Conservation Biology*, XIV/5 (2000), pp. 1341–50.
26 Michael Fraser and Liz Fraser, *The Smallest Kingdom* (London, 2011).
27 同上 ; Anthony Hitchcock, 'Erica verticillata', www.plantzafrica.com, 2019年1月8日にアクセス。
28 *Ladies' Floral Cabinet*, Tovah Martin, O*nce upon a Windowsill: A History of Indoor Plants* (Portland, OR, 1988), p. 209で引用。
29 Bruce Beveridge, *The Ship Magnificent, vol. II: Interior Design and Fitting* (London, 2009).
30 G. P. Darnell-Smith, 'The Kentia Palm Seed Industry, Lord Howe Island', in *Bulletin of Miscellaneous Information* (Royal Botanic Gardens, Kew) (London, 1929), pp. 1–4; Alba Herraiz 他 , 'Developing a New Variety of Kentia Palms (Howea forsteriana): Up-Regulation of Cytochrome B561 and Chalcone Synthase Is Associated with Red Colouration of the Stems', *Botany Letters*, CLXV/2 (2018), pp. 241–7.

終章 新たな世界

1 World Population Growth, www.ourworldindata.org, 2020年12月18日にアクセス。
2 'CO2 since 1800' 参照 , www.sealevel.info, 2020年12月18日にアクセス。
3 Christopher J. Preston, *The Synthetic Age: Outdesigning Evolution, Resurrecting Species and Reengineering Our World* (Cambridge, MA, 2018).
4 Long Zhang, Ryan Routsong and Stuart E. Strand, 'Greatly Enhanced Removal of Volatile Organic Carcinogens by a Genetically Modified Houseplant, Pothos Ivy (Epipremnum aureum) Expressing the Mammalian Cytochrome p450 2e1 Gene', *Environmental Science and Technology*, LIII/1 (2018), pp. 325–31.
5 www.iucn-uk-peatlandprogramme.org 参照 , 2021年9月2日にアクセス。
6 Ferdinand Ludwig , 'Living Bridges Using Aerial Roots of Ficus elastica: An Interdisciplinary Perspective', *Scientific Reports*, IX/1 (2019), pp. 1–11; John God-

dard, 'Food Preferences of Two Black Rhinoceros Populations', *African Journal of Ecology*, VI/1 (1968), pp. 1–18; Ian Kiepieland and Steven D. Johnson, 'Shift from Bird to Butterfly Pollination in Clivia (Amaryllidaceae)', *American Journal of Botany*, CI/1 (2014), pp. 190–200; Nicholas C. Kawa, 'Plants that Keep the Bad Vibes Away: Boundary Maintenance and Phyto-Communicability in Urban Amazonia', *Ethnos* (2020), pp. 1–17.

マイク・マウンダー（Mike Maunder）
ケンブリッジ大学ジャッジビジネススクールに拠点を置く、ケンブリッジ保存イニシアチブのエグゼクティブディレクター。園芸と植物分類学を研究し、レディング大学で絶滅危惧種の植物の保全管理に関する博士号を取得。イギリスの国立熱帯植物園の保全ディレクター、フェアチャイルド熱帯植物園のエグゼクティブディレクター、フロリダ国際大学の研究従事担当副学部長などを歴任し、世界中の学術団体や保護団体と協力して植物の保護活動に取り組んでいる。著書（共著）に『*On Foot in North Lesvos: 25 Walks Around Molivos, Petra & Beyond*（北レスボスを歩く：モリヴォス、ペトラとその周辺を歩く25のコース）』がある。

大山晶（おおやま・あきら）
1961年生まれ。大阪外国語大学外国語学部ロシア語科卒業、翻訳家。おもな訳書に「食」の図書館シリーズの『バナナの歴史』『ハチミツの歴史』『ウオッカの歴史』、花と木の図書館シリーズの『サボテンの文化誌』（以上、原書房）、『ナチスの戦争1918-1949』『ナチの妻たち　第三帝国のファーストレディー』（以上、中央公論新社）などがある。

花《はな》と木《き》の図書館《としょかん》

観葉植物《かんようしょくぶつ》の文化誌《ぶんかし》

●

2022 年 *9* 月 *30* 日　第 *1* 刷

著者……………マイク・マウンダー

訳者……………大山 晶《おおやまあきら》

装幀……………和田悠里

発行者……………成瀬雅人

発行所……………株式会社原書房

〒 160-0022 東京都新宿区新宿 1-25-13

電話・代表 03(3354)0685

振替・00150-6-151594

http://www.harashobo.co.jp

印刷……………新灯印刷株式会社

製本……………東京美術紙工協業組合

ISBN 978-4-562-07171-5, Printed in Japan